信息时代新闻传播研究

王艳妮　著

全国百佳图书出版单位　吉林出版集团股份有限公司

图书在版编目（CIP）数据

信息时代新闻传播研究/王艳妮著. --长春：吉
林出版集团股份有限公司，2024.4
ISBN 978-7-5731-4945-9

Ⅰ.①信⋯ Ⅱ.①王⋯ Ⅲ.①新闻学-传播学-研究
Ⅳ.①G210

中国国家版本馆 CIP 数据核字（2024）第 090402 号

XINXI SHIDAI XINWEN CHUANBO YANJIU

信息时代新闻传播研究

著：王艳妮
责任编辑：朱　玲
封面设计：冯冯翼
开　　本：720mm×1000mm　1/16
字　　数：210 千字
印　　张：11.5
版　　次：2024 年 4 月第 1 版
印　　次：2024 年 4 月第 1 次印刷

出　　版：吉林出版集团股份有限公司
发　　行：吉林出版集团外语教育有限公司
地　　址：长春市福祉大路 5788 号龙腾国际大厦 B 座 7 层
电　　话：总编办：0431-81629929
印　　刷：长春新华印刷集团有限公司

ISBN 978-7-5731-4945-9　　定　　价：69.00 元

前言
Preface

　　信息时代就是利用信息技术产生价值的时代。信息技术的发展是当今时代发展的大趋势，代表着现代科技生产力。21世纪是信息技术的时代，信息技术的不断发展普及已经渗透到各个科学领域和产业发展中，新闻传播也不例外。信息技术在社会经济、网络发展的背景下蓬勃发展，使得新闻传播的方式越来越广，新闻传播的内容越来越丰富。因而人们应该把握新闻行业信息化的重要性，融合信息技术和新闻传播，提高新闻行业的竞争力。信息技术的发展对人类生活产生了巨大的影响，在新闻传播的发展进程中，技术的发展发挥了重要的作用。可见信息技术在新闻传播领域的应用必将导致新闻传播的深刻变革。

　　随着信息技术革命的蓬勃发展，新闻传播的手段也发生了较大的改变，并不断改变着人们生活的社会。现代信息技术的创新升级加速了新闻信息的传播和处理，现代信息技术的广泛应用更丰富了新闻信息的内容，加快了传播的速度。在这样的技术背景下，社会大众既是信息传播的主体，同时也是信息传播的受众。新技术的实现可以为整个社会提供更广阔的思维。新闻传播是科技与人的交流互动，利用现代信息技术的优势打破原有的传播模式，构建新的信息传播模式，这有利于社会新闻信息传播体系的重新构建，最终使各类传播模式相互融合，形成良性发展的新闻传播体系。

　　当今社会，新闻作为重要的信息传播媒介，具有巨大的影响力。随着全球化和数字化的迅猛发展，新闻传播的速度和广度前所未有地增加。随着技术的不断进步，新闻传播领域也面临前所未有的挑战。大数据、人工智能等技术的广泛应用，虽然为新闻报道带来了创新的可能性，却也引发了一系列伦理问题。新闻传播伦理作为新闻学领域的重要组成部分，关乎社会的稳定与和谐。在当今信息爆炸的时代，新闻传播伦理的重要性愈发凸显。新闻媒体作为信息传播的关键渠道，不仅是为了提供信息，更是承载着社会责任和舆论引导的重任。因而我们也需要重视信息时代新闻传播的伦理问题。目前，市面上已经出现了一些有关信息时代新闻传播的著作，《信息时代新闻传播研究》一书从更加系统、全面的角度分析了信息时代新闻传播的相关内容。

本书是一本探究信息时代新闻传播相关内容的著作，其分析了新闻传播与信息技术的相关基础性知识，如新闻、传播的相关基础知识等；进一步研究了多种信息时代比较新颖的新闻传播途径，包含了大数据与新闻传播、AR/VR技术与新闻传播、融媒体与新闻传播、区块链技术与新闻传播、新媒体与新闻传播、短视频与新闻传播等内容，这些创新的新闻传播方式会对新闻传播产生显著的影响；最后详细地研究了信息时代新闻传播的伦理问题等内容，层次鲜明，内容新颖。

希望本书能为从事新闻传播工作的同行和新闻学习者提供借鉴和启迪，并能对新闻传播改革和教学有所帮助。本书在撰写过程中参阅了大量相关资料和文献，同时为保证论述的全面性与合理性，引用了许多专家、学者的观点，在此谨向他们表示最诚挚的谢意。当然，由于时间仓促以及作者水平有限，书中的一些观点可能存在不当之处，恳请各位专家、同行以及读者批评指正。

目录
Contents

第一章 新闻传播与信息技术概述

新闻传播受信息技术的影响主要体现在新闻传播效率、传播效果、传播理念等多个方面，可见信息技术对新闻传播的影响较为深远。本章首先分析了新闻的基础知识，接着进一步探讨了传播基本常识以及新闻传播的媒介和功能，最后详细地研究了信息技术基础等相关的内容。

第一节 新闻基础知识

一、新闻的含义和特点

（一）新闻的含义

新闻现象是人类社会的产物。新闻是新闻学的基本概念之一，是从事新闻工作的人首先要弄清楚的问题。[①] 新闻有广义和狭义之分，狭义的新闻是指媒体对社会新近发生的信息的传播，广义的新闻指社会新近变动的消息。新闻是以宣传为手段反映当前生活的一种社会意识形态，新闻是报刊、广播、电视经常运用的一种文体。总之，新闻是消息、通讯、特写、速写等体裁的统称。

（二）新闻的特点

1. 真实性

新闻要求报道真实的事实。通过这样的真实事实可以启发人们了解大千世界的风云、社会发展的趋向、生活演进的动态等。真实性是新闻的生命线。如

---

① 付松聚，杜笑宇，吴春刚. 当代高校校报新闻采写与编辑 ［M］. 北京：光明日报出版社，2012：14.

果新闻不是写生活真实的事实，那就不会取得人们的信任。新闻中所列举的真实事实还必须是典型的事实，带有普遍意义的能反映本质和主流的真实事实。

2. 实证性

实证性就是说新闻要让事实本身说话。新闻反映生活的特殊规律主要就是让事实本身说话，写出确定事实的基本要素。新闻一般应交代清楚有关的人物、事件、时间、地点、因果、意义等要素。

3. 及时性

新闻既然是新近发生或发现的事实的报道和述评，那么就必须有新的事实、新的内容，表现出新的特点与新的意义。要凸显新闻的"新"就得要及时地捕捉、及时地采写、及时地报道。可以说新闻是一种极重时效的文体。

4. 广泛性

新闻是由新闻机构发布的，它是面向全社会、对广大群众传播最为广泛的信息形式。正因为新闻具有这样的广泛性，所以新闻一经发布就会引起全社会广泛的关注，并产生广泛的影响。

5. 开放性

由于新闻是不受空间限制的一种宣传形式，因而它具有冲破闭锁隔绝现象的开放性。由于有了迅速灵敏的新闻传播，使当今世界每个角落发生变化的重要信息能在瞬间传遍全世界。

6. 变动性

新闻以生活中发生的具有新闻意义的事实作为归依。而生活中的事实不断地有所变动，新闻所要反映的正是变动中的客观事实。

二、新闻的材料和背景

新闻背景材料是新闻事实的从属部分。新闻背景材料在新闻报道中的位置是灵活多样的，不是固定不变的。

（一）新闻材料

新闻材料只是采访所得材料的一部分，特指写人新闻作品中的材料。新闻材料不等于采访所得材料。在新闻写作中直接材料和间接材料都不可少，它们是相辅相成的关系。

1. 从获取材料的方式划分
新闻材料可分为直接材料和间接材料。

（1）直接材料

直接材料是记者从新闻现场亲耳所闻、亲眼所见、亲身所感得来的材料，比起间接材料要真切得多，给广大群众的感觉也可信得多。直接材料在报道中常常成为最重要、最生动的材料。直接材料的优点是真实可信、生动形象，而且对间接材料还有订正作用。

（2）间接材料

间接材料是新闻报道中运用最多的材料，间接材料就是别人提供的材料，记者的报道实际上是转述别人提供的材料。从新闻事实到记者，中间经过一次转述者，叫作第二手材料；经过两次转述者，叫作第三手材料，经过三次转述者，叫作第四手材料，以此类推。需要注意的是，转述的次数越多，材料失真的可能性就越大。因此记者在运用间接材料时要认真分析。

2. 从材料性质划分

新闻材料可分为言论性材料、新闻事实材料和背景事实材料三种。

（1）言论性材料

言论性材料是指记者引述别人的言论来说明新闻意义、本质的材料。

（2）新闻事实材料

新闻事实材料是新闻报道中的主体材料，也是新闻评论中的主要论据。构成新闻事实的具体材料包括事件的称谓、规模、形态、原因、结果、事件发生的时间、地点以及事件中的人与物等。

（3）背景事实材料

背景事实材料是指记者在新闻报道中，为了说明新闻事实的真实情况而引用一些与新闻事实有关的历史事实或现实生活中的相关事实来衬托新闻事实的材料。

（二）新闻背景

新闻报道除了报道新闻事实本身外，还常常涉及与新闻事实有关的某些材料，让读者了解"新闻背后的新闻"，这就是新闻背景。[①] 所谓新闻背景是指新闻事实发生的历史条件、现实环境。它能对新闻事实起到说明、补充、衬托作用的历史条件、现实环境。新闻背景可以分为以下几类：

1. 从材料的性质内容角度划分

背景材料可以分为政治背景材料、经济背景材料、文化背景材料、地理背景材料等；也可以分为人物背景材料、事物背景材料等。

---

① 郭光华．新闻写作　第 3 版［M］．北京：中国传媒大学出版社，2020：114.

2. 从新闻背景与新闻事实的时间和空间距离划分

背景材料可以分为纵剖面背景材料与横断面背景材料。纵剖面背景材料也就是历史性背景材料，横断面背景材料就是现实背景材料。

第二节　传播基本常识

一、传播的含义和要素

（一）传播的含义

传播是一种社会性交流信息的行为，是个人之间、群体之间、组织之间及个人、群体、组织和社会之间通过有意义的符号所进行的信息传递、接受与反馈等行为的总和。传播的社会性就在于人类能够运用语言或非语言符号进行交流，从而传递感情、交流意见、沟通思想、调节行为，结成一个有机的整体，去从事生产或其他社会活动。因此，传播是人类建立相互联系、维持社会生活的一种社会行为。①

传播译自英语"communication"，意为与他人建立共同的意识，还有共享、传播、交流、沟通、通信等意义。理解传播的含义应把握以下三个要点。

①信息的传递。甲方通过一定的媒介将信息传递给乙方，如电话、电报、信函等均属于传播的范畴。

②双向的交流。乙方接收到甲方的信息后引起一定的反应，这种反应反馈给甲方，构成了双向的交流，即双方均参与传递信息的活动，相互影响。如回电、复信、交谈、对话等也理应归入传播之中。

③信息的共享。由于双向的信息沟通，使双方在某种程度上取得一致的了解、认识、理解或意向。即强调双方在传递、反馈、交流的一系列过程中，通过分享信息达到沟通，取得共识。传播务求"通"是传播的另一层含义。

公共关系的过程就是信息的传播、交流、沟通和反馈过程。传播学对传播过程的研究较为复杂，有很多种模式。各种模式力求勾画出传播过程中的主要因素、各因素之间的关系以及这些关系的形成过程。

①　龚荒. 公共关系　原理·实务·案例 [M]. 北京：北京交通大学出版社，2015：93.

（二）传播的要素

1. 信源

信源在传播学中也称传播者，即信息的发出者。在新闻传播中，记者、编辑都可以看作是信源；在公共关系工作中，公关人员向外传递信息时就是信源。

2. 信息

信息也可以称作讯息。这里所说的信息是内容及其表现形式——"符号"的综合体。如某公司产品在国际博览会上获金奖，公关人员需要将这条信息传播出去。那么，"获金奖"的事实本身是内容，将它写成新闻报道，其符号是文字；将它拍成电视片，其符号是图像。符号与内容结合才成为信息。只有内容没有符号的信息是无法传播的；只有符号没有内容的信息是无意义的。

3. 编码

既有了符号，又有了内容，也不等于信息传播就能成功。它还要求传播者善于根据内容、传播对象的特点科学地组织符号。说话不看对象，传播也会失败。这就要有传播的第三个要素——编码。所谓编码就是传播者根据传播对象的特点，按照一定的规则，将内容编制成符号系统传播出去，以便传播对象易于理解和接收。例如，没有受过专业训练的公共关系人员很容易把一个很有新闻价值的事件写成广告新闻稿，寄出去后报社难以刊登。这就是传播过程中的"编码"出了问题。相反，一个训练有素的公关人员却可以写出一篇很有新闻价值、符合规格要求的新闻稿，各新闻单位可能不改一字就予以刊登。

4. 媒介与渠道

媒介与渠道即信息传播的中介和途径。口头传播中的媒介是空气，没有空气的振动，对话是无法进行的；新闻传播的媒介是报纸、收音机或电视机。此外，电话、信件、杂志、书籍等都是传播媒介，也是公共关系的传播媒介。

5. 信宿

信宿在传播学中也称作受传者、传播对象、受众（即读者、听众、观众总称）等。信宿是信息传播的归宿、目的地，也是信息的接收者。例如，报纸的读者、电台的听众、电视的观众等都是新闻传播中的信宿。公共关系工作中的各类公众也是公共关系信息传播中的信宿。一切信息传播的目的都是要向信宿传递信息，从而与信宿分享信息、观念和立场。值得注意的是，在信息传播中特别是在公共关系信息传播中，信源（传播者）和信宿（受传者）的地位应该是相互的，而不应该是不变的。在传递信息时，传播者是信源；在反馈信息时，原来的信宿就处于信源的地位，而原来的信源就处于信宿的地位。当然，在某些传播类型如新闻传播中，其双向性较弱，因而信源与信宿的地位相对稳定。在公共关系的信息传播中，应该尽量避免这种情况，做到在组织机构与公众之间形成畅通的双向信息交流。

6. 译码

译码就是信宿接收到信息后，将信息的符号破译成自己能理解的内容。公关人员发出去的信息是否能为公众接收，接收后是否为公众准确理解，这就要看传播者的编码能力和受传者的译码能力。

7. 干扰

干扰指传播过程中放大或缩小信息量使信息失真的因素。干扰可以出现在传播过程中的任何一个环节，是影响传播质量、降低传播效果的重要因素。一般来说，公共关系工作者要想方设法清除传播过程中的干扰，以便改进传播质量，提高传播效果。常见的传播干扰有以下几种。

①编码干扰，即传播者不善于根据对象或内容组织传播内容，从而影响外界的接收。其消除方法就是提高传播者的编码能力。

②信息干扰，即信息本身使受传者产生误解、歧义或不理解。其消除方法是尽量使信息简单、通俗、准确、有针对性。

③媒介干扰，即传播媒介本身出现的各种"噪声"。如书信上的字迹潦草、报刊上的印刷错误、电视节目上的静电干扰、扩音机发出的刺耳噪声等。其消除方法是从技术上完善媒介性能。

④信宿干扰，即信宿本身各方面的条件影响了信息的正常接收。如受传者的文化水平、经济地位、社会经历、心理特征等都会影响信息的正常接收。其消除方法：一是有计划、有步骤地培养、提高受传者的兴趣、爱好、文化水平；二是制作信息时要有鲜明的针对性。

8. 共同经验范围

共同经验范围指传播者与受传者之间必须有"共同语言"。他们的共同语言越多，传播效果就越好。

9. 反馈

反馈指信宿或受传者对信息所做的反应。传播者可以根据反馈调整政策或行动，改进传播方式，提高传播的质量。信息传播的反馈可以分为两类：正反馈和负反馈。正反馈是指传播者传递出的信息内容一致的反馈，如某企业推出一种新产品，外界对这种产品的反应是一致赞扬，这种赞扬即为正反馈；负反馈是指与传播者传递出的信息内容不一致的反馈，如对上述产品持反对意见或批评、改进意见的反馈。负反馈往往有利于传播者调整政策和行动或改进传播方式与内容。

10. 环境

一切传播活动都是在一定的社会环境中进行的。在不同的社会环境中，同样的传播活动会产生完全不同的效果。

二、传播的理论基础——传播学

（一）传播学的定义

传播学是研究人类一切传播行为和传播过程发生、发展的规律以及传播与人和社会的关系的学问，是研究社会信息系统及其运行规律的科学。[①] 简言之，传播学是研究人类如何运用符号进行社会信息交流的学科。传播学又称传学、传意学等，是 20 世纪 30 年代以来跨学科研究的产物。传播学和其他社会科学学科有密切的联系，处在多种学科的边缘。由于传播是人的一种基本社会功能，所以凡是研究人与人之间的关系的科学，如政治学、经济学、人类学、社会学、心理学、哲学、语言学、语义学、神经病学等都与传播学相关。它运用社会学、心理学、政治学、新闻学、人类学等许多学科的理论观点和研究方法来研究，包括传播的本质和概念；传播过程中各基本要素的相互联系与制约；信息的产生与获得、加工与传递、效能与反馈、信息与对象的交互作用；各种符号系统的形成及其在传播中的功能；各种传播媒介的功能与地位；传播制度、结构与社会各领域各系统的关系等。

依据对传播学研究对象、理论体系的理解，这里把传播的定义概括为：传播是人类通过符号和媒介交流信息以期发生相应变化的活动。

（二）传播学的研究对象和宗旨

1. 传播学的研究对象

传播学的研究对象——人类传播现象应该既包括传播活动现象，也包括传播意识现象、传播关系现象和传播规范现象；人类传播既包括大众传播、组织传播，又包括内向传播、人际传播。总之，凡是客观地存在于传播活动中并构成影响的现象都是传播学的研究对象。在具体的研究中，传播学者有权着重研究某些现象，而不可能全面出击、平均用力。由于大众传播活动是人类一切传播现象中最重要的一种现象，当代的基础传播学往往将其视为最重要的研究对象。当然其他现象也会在特定情况下进入研究者审视和分析的视野。

---

① 吴莉．传播学视阈内的汉语国际教育研究［M］．长春：东北师范大学出版社，2018：1.

2. 传播学的研究宗旨

传播学的研究宗旨就是从人类社会的普遍联系中，从人类传播的内在机制和外在联系以及各种传播因素之间的相互关系中，探索和揭示人类传播的本质和规律。

传播的本质是传播活动的根本性质，是指传播活动组成要素之间的内在的、稳定的联系。它是由传播活动本身所具有的特殊矛盾所决定的。传播的本质具有稳定的、内在的、深刻的、普遍的性质或特点，而传播现象则表现出易变的、外露的、表面的、个别的特征。所以，认识传播的本质必须借助于抽象思维、科学方法并通过艰难探索才能把握，而对于传播现象则可以通过感官直接感知。

传播规律是指传播活动中内在矛盾诸方面的联系与斗争的客观法则和必然趋势，其根本特点就在于不以人的意志为转移，具有客观性、必然性、重复性和隐蔽性。人们必须探索和遵循传播规律，主动按传播规律办事，只有这样才能提高传播的效果，达到预期的目的。

通过对传播媒介发展的历史和现状进行分析，可以发现传播媒介发展具有五大规律：（1）由低到高的螺旋规律；（2）波浪起伏的浪潮规律；（3）由慢到快的加速规律；（4）互动互助的共进规律；（5）取长补短的整合（互补）规律。通过对信息传播活动和过程进行分析，可以发现信息传播具有五大规律：（1）协同合作的规律；（2）双向传播的规律；（3）信息共享的规律；（4）守规合规的规律；（5）适时适量的规律。在对受众的信息接收行为进行仔细分析后，也可以发现信息接收的规律：（1）循序渐进的规律；（2）由浅入深的规律；（3）认知协调的规律；（4）意向选择的规律；（5）惯性类化的规律。

（三）传播学的学科特点

与邻近的社会学、心理学、政治学、人类学等相比较，传播学是一门位于诸多学科交叉、边缘地带的并具有一定应用性的新兴独立学科。可见传播学是一门年轻的学科，需要借助其他学科的支持与帮助。[①] 它的学科特点主要包括如下几个方面：

1. 整体性

传播学所要研究的不只是支撑传播活动的几种要素（如传播者、信息、媒介、受传者）和一些单纯的传播现象，而是一个由各种相关因素有机联系

---

① 薛可，余明阳. 人际传播学概论［M］. 上海：复旦大学出版社，2021：47.

起来的整体系统；其也不只局限于某种社会制度下的传播活动和某类传播现象（如人际传播或大众传播），而是面向世界、面向未来、针对人类传播的全部现象。传播学绝不人为地割裂各种传播要素之间的有机联系，而去孤立地看待和分析某种要素。它的基本活动始终是再现有机性的整体，即始终把各种个别要素有意识地归并到传播的整体中，努力弄清其特性、机制以及与外部的各种联系，同时再进一步认识它并支配它。

2. 互动性

整体是互动因素的聚合与归并，互动是整体形态的链条与部件。互动不是单向和单方面的，而是双向和双方面的。就传播过程来说，无论多么高明的传播者都不可能单独完成传播任务，他必须要有传播对象，并通过对象的信息反馈来验证传播效果。就传播关系来说，大众传播作为社会系统的一个子系统，它与社会有着千丝万缕的联系和复杂的互动关系。因此，传播学要研究的正是传播过程中各种因素之间永不停止的相互影响、相互作用、相互制约的复杂情状与动态关系。这就要求传播学者在研究中要自觉地和正确地将传者与受众、媒介与社会、要素与过程等互动关系有机地结合起来加以分析研究，从而揭示其内在机制。

3. 开放性

传播学所面对的不是孤立存在的个别传播现象，而是从一定的角度、窗口审视和研究"整个世界"。换句话说，凡是和传播学的研究任务有关的各种因素都可以从一定角度和窗口进入这门学科的研究视野。传播学不仅具有对象的开放性，而且具有知识与方法的开放性，即它糅合、包容、吸纳、内化了许多学科的相关知识，借用、移植、改造了不少传统的和最新的研究方法。因此，不论是传播活动还是传播研究，都要高度重视和合理利用外部条件。当然，传播学在研究上具有开放性并不意味着它会丧失自己作为一门独立学科而存在的权利，因为不论怎样开放，它所研究的核心对象群和所运用的基本原理是不会轻易改变的。

4. 综合性

传播学在分析传播现象、探讨传播规律时，不会局限于只使用和吸收一两种方法、手段和个别学科知识，而总是依据研究目的和对象特点综合运用、借鉴多种方法、手段和知识，对研究对象做多变量、多层面的立体观照与分析。如果不这样做，我们就无法正确地分析问题和科学地解决问题，也无法深刻、准确地把握这一传播的过程、性质和特点以及和其他相关因素相互依赖、相互影响、相互作用、相互制约的规律。

5. 发展性

在传播活动的变化过程中，新的信息层出不穷，新的媒介不断涌现，新的技术与日俱增，这就是发展的表现。发展是永恒的，是具有前进性质的上升运动。它的实质是新事物的产生、旧事物的灭亡，是新陈代谢、推陈出新的过程。传播活动的过程所显示的是信息产生、采集、编播、接受的发展史。因此，传播学研究必须以发展的眼光来看待和分析研究对象，关注传播内容、传播媒介、传播技术和传播形式的变化和发展。传播学研究不仅承认传播活动的发展变化，而且主张从发展变化中发现并揭示传播及其发展的本质和规律，进而推动传播学的良性发展。

三、传播中的新闻传播

新闻传播已经成为广大社会群众了解时事政策的最重要的途径，以往的新闻传播主要依赖于报刊、电视、广播等传统媒体。但是随着社会现代化和信息化水平的不断提升，伴随着网络媒体和新媒体的出现，新闻传播的方式和途径也更加多样化。在互联网快速发展的时代背景下，新闻传播使广大受者更加了解世界。同时随着新闻传播渠道的多样化发展，新闻传播方式也与受者之间的互动性和交流性更强，新闻传播的价值得到了进一步的突显，新闻传播无论是对于国家还是广大受者来说，都具有十分重要的价值。

（一）新闻传播的价值

1. 新闻传播的时效性价值

新闻传播，顾名思义，就是对最新的时政要闻和信息进行的传播，因此时效性可以说是新闻传播最为显著的一个特征。也正是基于此，新闻传播具有一定的时效性价值。这个时效性价值的意义主要可以从以下两个层面进行论述：一方面，时效性能够将最新的新闻信息、政策信息等传播给广大受者，从而以最新的政策和信息来影响广大受者的文化走向和价值观念；另一方面，时效性的价值还体现在可以帮助广大受者顺利地做出正确而又科学的决策。可以说，使广大受者获得最前沿的新闻信息既是新闻传播的重要价值，同时也是新闻传播的重要使命。只有具有时效性的新闻传播才称得上是新闻。

2. 新闻传播的贴近性价值

在互联网高速发展的背景环境之下，以网络媒体为主要代表的新媒体的出现使得新闻传播的方式不断地扩大化和多样化。同时新媒体的发展也使得新闻传播的内容不断地扩展，那些传统媒体认为不适宜的新闻甚至可以通过网络传播的方式进行扩散。广大受者获取新闻信息的途径增加，对于新闻的内容和质量的要求自然也就随之提升。因此，这就使得新闻传播的贴近性价值得到了进一步的发挥和延展。新闻传播一定要贴近广大受者的生活、贴近广大受者的关注点，这样的新闻才称得上是对广大受者有用的新闻，才会激发起受者听和看的欲望，同时才会对公众产生影响力。

3. 新闻传播的互动性价值

新媒体以增强与受者的互动交流著称，当前，新闻传播也更加倡导体验感，更加注重新闻传播与受者之间的互动，让受者参与到新闻传播过程中来，从而争取为不同的受者提供定制化的、个性化的新闻传播内容和传播途径。以报刊、广播和电视为主体的传统媒体的一个主要缺陷就是受者过于被动地接受新闻传播的内容，因此这也是在当前的背景环境下倡导传统媒体与新媒体融合的一个重要原因。新闻传播互动性的价值主要体现在两个方面：一方面，通过互动让受者更加真实地体验到各种媒介所传播新闻的意义和价值；另一方面，通过互动让受者对新闻传播的内容和方式提出一些自己的观念和见解，这也是有利于新闻传播不断发展的一个重要手段。

（二）新闻传播的方向

1. 新闻传播要加速与新媒体的融合

通过报刊、广播以及电视等传统媒体进行新闻传播具有一定的缺陷，不但覆盖范围较窄，同时与受者缺乏有效地交流和互动。因此，新闻传播在未来的发展过程中，要重视与以网络媒体为代表的新媒体传播方式之间的融合。将传统传播媒体的高资质与新媒体的全覆盖以及广阔资源有机地融合，将会进一步提升新闻传播的高效性。在"互联网+"的背景环境下，如果新闻传播只是一味地沿用传统的传播方式，那么将不利于其传播能力的提升；反过来，如果新闻传播过于侧重于新媒体的传播方式，那么将会使新闻的权威性受到一定的挑战和威胁。

2. 新闻传播要依托信息技术加强与受者的交流

新闻传播要依托信息技术加强与受者的交流主要针对的还是报刊、广播以及电视等传统的新闻传播媒介。互动平台的搭建是加强交流的一个最有效的途径。互动平台是指传统媒体不依赖于其他媒介和途径而与观众进行的互动与交流模式。这种互动交流最典型的做法就是通过电话介入的方式进行交流，在新闻传播的过程中适时地安排一些电话的插入，这也是对新闻与政策的解读。各种传播媒介也可以成立本身的官方网站、微博、论坛等，通过软件技术以及专业人员的维护来实现观众与新闻节目的实时在线交流和沟通。①

3. 新闻传播要重视营销模式的创新

随着移动互联网时代的到来和网络消费环境的改变，中国网络零售业得到了快速的发展。当前，在网络媒体环境下，APP运营对于广大消费者而言已经不再陌生。因此，在新媒体的背景环境下，新闻传播也应该采取更加科学化的APP推广策略为自己赢得更多的潜在受者群体。以往广大受者接受新闻传播的信号主要是通过报刊、广播以及电视等传统媒体，而现在人们更倾向于利用网络媒体的方式来收听收看新闻传播的实时信息。新闻传播要走进大众的视野也需要种种营销方式的策划。目前，央视一套也推出了微博客户端，广大受者在收看新闻节目的同时也能够进行微博的实时互动，这实际上就是新闻传播媒介自我认知与自我定位的一种发展和进步，是通过信息的营销模式和推广模式提升本身品牌与传播能量的途径。此外，微信已经成为人们日常生活必备的沟通联系方式，在微信新时代注重微信营销策略的发展是新闻传播行业营销手段创新的一个全新渠道。通过微信公众号推送各种对接受者实用的新闻信息，这也是新闻传播媒介在互联网时代应该采取的一个营销策略。

4. 新闻传播要注重与时代发展的紧密结合

最新的时政要闻出现在广大受者的视野中，对于广大受者了解现代社会具有重要的意义和价值。因此，注重与时代发展的紧密结合，传播最前沿的、最有意义的时政要闻就成为未来新闻传播发展的一个重要推手。首先，新闻传播要重点传播国内的最新消息，国内的一些新闻对于广大受者生活所产生的影响是极为深刻的，也是不容忽视的；其次，新闻传播的内容要与国际社会接轨，随着全球一体化进程的加速，国外的一些发展经验、政策措施逐渐传入国内，那些有益的发展模式对于促进我国社会的整体发展是十分具有借鉴意义的，同时也是我国民众了解国外的一个窗口。总之，不能与时代发展紧密融合的新闻传播将失去其应有的意义和价值。

---

① 耿思嘉，高徽，程沛. 新闻传播与广告创意［M］. 长春：吉林人民出版社，2019：13.

第三节　新闻传播的媒介和功能

一、新闻传播的媒介

（一）新闻传播媒介的变迁

1. 报纸

报纸作为一种近现代历史上最古老的新闻传播媒介，长期占据着新闻传播的主要市场。与其他媒体相比，报纸的优势主要在于信息量大、说明性强、阅读人群广泛、具有很强的权威性等。但是，随着时代的发展，报纸作为传统纸质媒体逐渐暴露出种种弊端，如生产过程复杂、发行区域小、携带和传阅不便、色彩单一、受截稿及出版因素影响、新闻时效性不强等。但是由于报纸的发展历史最长，也是公众最熟悉的新闻媒体，其在当前公众中仍非常流行。因此，人们不能忽视它在新闻传播过程中的作用。

2. 广播

广播是通过声音向公众传播新闻的一种传播手段。广播作为一种新闻传播媒介具有诸多优点。除具有运行和使用成本低、传播速度快等优点，它可以借助播音员的声音对新闻进行一定的描绘，使听众通过自己的想象和推理参与其中，从而更容易引起共鸣，更具感染力，更容易被公众接受。而且，它还可以利用声音与公众进行互动交流，融入一些文本中不易被感受到的情感特征，使听众获得面对面的感觉。这些优点使其迅速成为继报纸之后最广泛的媒体之一。随着时代的发展和进步，广播也表现出一定的局限性，如储存和保留性差、听众难以再查询和收听；只有声音，没有视频和图像，难以长久吸引听众注意力；与书面交流的严肃性和深刻性相比，广播交流相对口头和随意。虽然后期新媒体的发展对广播的使用产生一定的冲击，但其仍具有强大的生命力和社会影响力。

3. 电视

随着现代图像技术的发展，电视作为一种媒介应运而生。与传统媒体相比，电视有效地结合了图像、声音、文字和其他形式，因此更直观、更生动。在媒体传播过程中，电视新闻通过一定的拍摄手法，使公众具有更加直观的体验，也可以想象现场的情形，新闻的可靠性、真实性进一步增强。虽然在新闻传播过程中，电视新闻也存在不容易被记录等缺点，但电视以其丰富生动的画面感，依旧成为当前新闻传播的主要媒介。

4. 互联网

随着互联网技术的飞速发展，其高容量、高强度、交互性和高速性的特点日益明显，这些特征在媒体中的应用使新闻传播更加舒适、多样化。一方面，互联网技术因其方便、多样、信息共享的特点可以帮助公众更灵活地选择需要的新闻内容，而不容易被媒体主导，受到公众的广泛欢迎。另一方面，网络技术的发展使过去的新闻信息得以恢复，加强了新闻传播的可靠性。

5. 手机

手机作为新闻媒体是网络技术发展的产物之一。手机媒介因小巧、携带方便、随时随地观看新闻等优点推动了手机的加速发展。从传统报纸到广播电视，再到互联网和与互联网相伴而生的手机，给媒体多元化发展提供了更广阔的发展空间。如何趋利避害、充分发挥各媒体的作用，并促进新闻传播的发展，这是新媒体时代新闻工作者面临的主要挑战。[①]

（二）新闻传播媒介的特点

传统媒体主要依靠报纸、电视和广播，时间的限制不能让人们在第一时间完全了解新闻事件，而新媒体时代为新闻广播等媒体行业创造了更多机会。新媒体时代的到来能够充分发挥网络和大数据的优势，对海量新闻信息进行分类，满足人们对不同新闻内容的需求。人们可以通过手机、电脑等终端快速浏览大量新闻信息。传统电视、报纸和广播是面向新闻传播的，人们只能被动地接收信息，不能评论和参与新闻互动。新媒体时代的到来打破了传统的新闻传播模式，人们不再被动地接受新闻内容，而是更多地借助手机和电脑选择性地了解新闻事件，增加了新闻传播过程中的双向性和互动性。同时，公众还可以通过手机和互联网在公共平台上传有价值的事件，扩大新闻获取渠道。借助网络和多媒体传播新闻，使人们获取新闻信息更加方便，对新闻的理解更加全面和深入。通过网络人们可以及时找到自己需要的信息，在获取新闻信息的过程中打破时间的限制。

---

① 宋卫霞. 新闻传播媒介的变迁与新闻编辑能力的建构［J］. 卫星电视与宽带多媒体，2022（10）.

二、新闻传播的功能

（一）政治功能

新闻传播政治功能最主要地体现为政治宣传功能。[①] 在实践中，现代新闻事业大多是由政党机关创办、经营的，即使有的新闻媒介没有明确的政治上的归属，但它的所有者一定有自己的政治倾向，代表一定集团、组织、阶层的利益。这就使得现代新闻传播在进行信息的传播过程中，不可避免地会将政治宣传作为其重要功能之一。

（二）经济功能

新闻传播的触角伸到社会的每个角落，因而对社会经济的发展也有一定的作用。具体来说，新闻传播能够在一定程度上影响社会经济的发展，包括新闻传播会每日每时为社会公众提供大量经济信息、传播一些经济性评论以及宣传和阐述经济政策、分析经济形势的文章。与此同时，新闻产业本身是国民经济的一部分，以新闻传播为主要功能的新闻传播业如果能良性运行，对整个社会经济的发展都有带动作用。

（三）教育功能

新闻传播能够向受众传递正确的社会价值观，这就是新闻传播的教育功能，这一功能有广义和狭义之分。广义的教育功能指新闻传播所传播的内容是丰富多样的，它可以通过游戏的形式、娱乐化的内容来表现具有教育意义的事件；狭义的教育功能指新闻传播能够直接传授知识。在现代化的社会当中，新闻传播的教育功能能够发挥很大的作用，不像古人传递信息基本是口口相传，现代媒体多元化的发展为新闻传播发挥教育功能提供了良好的平台。人们在媒体上学习知识的比例越来越大，使得许多没有机会接受正规学校教育的个体都有了学习的机会。

（四）舆论功能

1. 新闻传播能够反映社会舆论

新闻传播会引起公众对新闻事件中人物以及事件的关注，公众的关注度越

---

① 张涛. 融媒体时代新闻传播及其变革探析［M］. 北京：中国商务出版社，2019：31.

高，所形成的意见和看法就会在短时间形成社会舆论。现代社会的舆论方式主要是通过新闻传播来传达的。但主要的方式还是通过新闻传播传达意见，因此可以说新闻传播能够反映一定的社会舆论。

2. 新闻传播能够引发社会舆论

公众常会通过新闻传播来了解某些信息，在知道了某些事件后会对信息进行判断、比较、分析，然后形成自己的看法并发表意见。所以，新闻传播能够引发受众对某件事情的关注和讨论，最终形成社会舆论。

3. 新闻传播能够影响和引导社会舆论

舆论在形成的过程中也有正确和错误之分。在我国公众的言论是自由的，但是"自由"并不意味着没有限制，它也是在一定范围内的自由。公众的舆论同样如此，我们主张发表自己的意见和看法，新闻传播可以通过传播有选择性地刊登公众的意见，主动出击影响和引导社会舆论，使得媒体支持的意见迅速成为大多数人的意见，最终影响和引导社会舆论。

（五）信息传递功能

传递信息是新闻传播最基本、最主要的功能。新闻传播传递信息的功能主要可以从两个角度来理解。

1. 从新闻行业的角度理解

新闻传播从产生到形成一个行业是社会发展的必然结果。随着生产力的提高，商品经济的快速发展，社会政治、经济、文化都发生了巨大的变化，人们需要在快速发展的社会中了解更多的信息。在这样的需求下，新闻传播也不断得到发展。在经济全球化的大背景下，世界各国的人民都被紧紧地联系在一起，发生在世界其他地方的事件有可能影响到我们本地的生产和生活。因此，我们不能只将眼光局限在周围，而是应该多关注发生在其他国家的一些大事，这就是所谓的信息需求。人们通过了解社会中的一些大事，对关系到自己生活、生产的工作能够及时进行调整，及时地掌握最新的信息，以更好地适应社会的发展。在当今社会，生产力水平大幅度提高，社会分工也更加精细，使得每个生产单位都不能盲目生产，必须在了解该行业、相关行业的整体状况的情况下才能有目的生产，所有这些都导致人们出现了对信息的强烈的需求。

2. 从受众群众的角度理解

从受众群众的角度来看，信息的获取对他们自身的发展有着重要的意义，因为周围环境的改变会影响到他们的切身利益。一方面，受众是社会中的人，他们生活在广泛的社会联系中，每天的生活和各种各样的社会因素息息相关。他们需要了解国家的方针政策、政府制定的相关文件，使自己在国家法定的政治范围内活动；需要了解市场变化、股市行情、银行利息的变动信息，使自己的经济利益不受损失；需要了解天气变化、医疗情况、养生方式等，以提高自己的生活质量。另一方面，现代社会是一个快节奏的社会，人们每天忙于工作、生活，独立的空间相对较大，与他人之间的沟通交流不是太多。因此，人们对传播的信息的依赖性尤为严重。

（六）社会服务功能

随着电视的普及和新闻传播内容的丰富多彩，越来越多的人可以通过新闻传播了解世界上各种各样的奇闻趣事、各国风土人情，新闻传播已逐渐成为人们消遣娱乐的重要途径。此外，新闻传播还同时为社会提供其他服务，如经济信息、天气预报等，满足了各界人士的需要。值得注意的是，新闻传播除了有以上正功能外，也有负功能，有时一则报道可以同时既有正功能又有负功能。受众接受的是正功能还是负功能，这主要由以下两个方面的因素决定：一是由传播者对新闻传播的社会功能的认识是否正确和对待生活的态度所决定的。二是由受众自身的世界观和对生活的态度所决定的。因此，新闻工作者的一项基本任务就是要正确认识新闻传播的社会功能，使新闻传播避免或减少负功能的产生，充分发挥新闻传播的积极作用。

第四节　信息技术基础

一、信息与数据的概念

信息是事物运动的状态与状态变化的方式，是物质的一种属性。其中，事物是指一切可能的研究对象，如外部世界的物质客体和主观世界的精神现象；运动是指一切意义上的变化，如机械运动、化学运动、思维运动和社会运动等；运动方式是指事物运动在时间上所呈现的过程和规律；运动状态则是事物运动在空间上所展示的形状与态势。世间一切事物都在运动，都有一定的运动状态，因而都在产生信息。哪里有运动的事物，哪里就存在信息。

数据是对事实、概念或指令的一种特殊表达形式，这种特殊的表达形式可以用人工的方式或者用自动化的装置进行通信、翻译转换或者进行加工处理。通常意义下的数字、文字、画图、声音、活动图像等都可以认为是数据。

从信息表达的角度来看，数据是记录信息的一种形式，信息是数据的内涵。当数据向人们传递某些含义时，它就变成了信息。因而我们可以通俗地认为，信息是对人有用的数据，这些数据将可能影响到人们的行为和决策。

二、信息技术的含义和本质

（一）信息技术的含义

信息技术是通信技术、计算机技术、多媒体技术和网络技术的总称。近年来，信息技术飞速发展并且在各行各业得到了广泛的应用，极大地推动了社会的进步和经济的发展。[①]

现代信息技术是当代科学技术发展的主导领域[②]，主要以计算机及其现代通信技术和网络技术等为代表。现代信息技术拥有其他技术无法比拟的优势，也因此获得了其他技术从未有过的发展速度、深度和广度，影响社会的方方面面。

信息技术是当前社会的一个高频词，伴随着互联网的普及而被广泛使用。人们对现代信息技术的定义比较多，至今没有统一的认识。它通常包括传感技术、计算机智能技术、通信技术和控制技术四个方面的技术。就现代信息技术教育这个角度来说，现代信息技术的内涵可以归纳为三个层次：一是侧重从哲学的角度来界定信息技术与人的本质关系，即现代信息技术是能充分利用与扩展人类信息器官功能的各种方法工具与技能的总和。二是突出人们对信息技术功能与过程的理解，即信息技术指通过各种途径对信息进行采集、传输、存储、加工表达的各种技术的总和。三是侧重信息技术的现代化与高科技含量。现在我们已经将它广泛地运用到多媒体教学中。这些技术特指利用计算机、网络、广播电视等各种硬件设备及软件工具与科学方法，对文图声像各种信息进行获取、加工、存储、传输与使用的技术的总和。

（二）信息技术的本质

现代信息技术的本质仍是工具[③]。当前，世界各国都在研究如何充分利用信息技术提高教学的质量和效益，加强现代信息技术的教学应用已成为各国教学改革的重要方向。但是，现代信息技术毕竟只是手段和工具，人们只有充分

① 杨增崇，杨国辉.当代思想政治教育若干前沿论域［M］.北京：中国财富出版社，2020：108.
② 梁昕.面向精细化治理的智慧城市理论与实践［M］.上海：上海交通大学出版社，2019：6.
③ 田园.高等数学的教学改革策略研究［M］.北京：新华出版社，2018：102.

认识到这一点，才能防止技术至上主义，从而避免技术无用论。此外，注重现代教育技术的使用，也不要忽略对学生的人文关怀，即对学生心理、生理及情感的关怀等。

三、信息技术的主要特征

（一）技术层面的特征

1. 数字化

在信息处理和传输领域，二进制数字信号是现实世界中最容易被表达、物理状态最稳定的信号。数字化就是将信息用电磁介质按二进制编码的方法加以处理和传输，将以往用纸张或其他媒介存储的信息转变为用计算机处理和传输的信息。它改变了传统的记录、存储模式，将信息存储方式转变为电磁介质上的电磁信号，为压缩信息存储空间、改进信息组织方式、提高信息更新速度、进行信息远程传递提供了基础；将多种信息形式，如文字、符号、图形、声音、影像等有机地结合在一起，为进行信息的统一处理和传输提供了基础；将信息组织形式由顺序的方式转变为可按其本身的逻辑关系组成相互关联的网络结构，为提高信息检索效率提供了基础。

2. 网络化

计算机技术与通信技术的结合将人类带入了全新的网络环境，它把分布在各地的具有独立处理能力的众多计算机系统，通过电讯线路和相应设备联结起来，以实现资源（硬件、软件、信息）共享。数字化信息的网络化交流在技术上依赖于传输控制协议和网络层协议，可以保证各种信息安全、可靠地到达指定地点。信息网络的发展异常迅速，从局域网到广域网，再到国际互联网。被形容为"信息高速公路"的高速信息传输网络已成为现代社会中信息传递的神经中枢，也成为建立和发展其他信息网络的平台。网络化信息检索不再是以往联机检索中主机和用户的主从关系，而是客户和服务器的等同关系，电子邮件、远程登录、电子论坛等也深入人们的活动中。

3. 智能化

现代信息技术注重吸收社会科学等其他学科的理论和方法，表现最为突出的是人工智能理论与方法的深化与应用。在通信领域将出现类似人脑一样具有思维能力的智能通信网，当网络提供的某种服务因故障中断时，它可以自动诊断故障，恢复原来的服务。在计算机领域，超级智能芯片、神经计算机、自我增值数据库系统等将得到发展。在多媒体领域将出现计算机支持的协同工作环境及智能多媒体，其会更加便捷地对文字、符号、图形、声音、影像进行识别和处理。在信息系统领域，智能信息系统的出现将提供智能的人机界面，用户与系统之间可以用自然语言交互，系统可以提供很强的推理、检索、学习功能。

4. 个人化

现代信息技术实现以个人为目标的通信方式，充分体现可移动性和全球性。它实现的目标被简称为 5W，即无论何人（whoever）在任何时候（whenever）和任何地方（wherever）都能自由地与世界上其他任何人（whomever）进行任何形式（whatever）的通信。个人通信的理想境界应该是：通信到个人，以个人的身份代码进行呼叫或被呼，通信是透明的；不论在室内或室外、静止或移动（包括汽车、火车、轮船、飞机等高速移动），都能随时随地通信；个人使用的手持机将像钢笔、手表一样不可或缺，其自然度和清晰度高、价格便宜、耗电量小、小巧轻便、操作简单，既能提供语音通信，也能处理数据和其他任务。个人通信需要全球性的大规模的网络容量和智能化的网络功能。

（二）社会层面的特征

1. 知识密集

现代信息技术涉及高技术前沿研究，它以大量的知识背景为依托，处于知识密集型和智力密集型领域。因而在现代信息技术领域集中了大批科技尖端人才，形成了高智商高素质的人才群体。

2. 更新加快

现代信息技术的快速、高水平发展使得信息产品的更新周期大大缩短。世界上第一代电子管计算机使用了近 20 年才被晶体管计算机替代，而从晶体管计算机到集成电路计算机只用了很短的时间，从集成电路计算机到大规模集成电路、超大规模集成电路计算机只用了几年时间。综合业务数字网、光盘技术等从 20 世纪 80 年代兴起就很快成为热点。就增长速度而言，现代信息技术产品开发周期越短，增长速度就越快。

3. 渗透力强

每一项现代信息技术产生之后都存在着应用到社会各种活动中的可能性，现代信息技术及其原理的应用范围往往大大超出发明者和改进者的设想。如电子计算机最初只是作为提高计算水平的工具，但短短几十年后它已经应用到人类社会的各个领域。目前现代信息技术已成为国民经济增长的技术基础，现在很多行业都和集成电路和计算机有关，这十分有利于各个领域的信息化、智能化、电子化建设。

4. 互补综合

从现代信息技术的发展历史来看，每一次新的本质性的信息技术的发明创造都是产生于原有信息技术的功能相对薄弱的地方，新的信息技术是在对原有信息技术不断继承和不断改革的过程中完善和发展起来的。因而现代信息技术的很多成果具有人类的两项或两项以上的信息能力。如机器人同时具有获取、存储、处理、传输、控制信息的多种能力。多种技术的综合使用其本身所依据的基本原理有别于单项技术，所具有的功能也不是简单地相加。

5. 风险性大

目前的现代信息技术领域，由于技术和制造越来越精密复杂，技术难度不断加大，信息网络覆盖范围越来越广，故此研究开发费用、基本建设投资特别是初始投资的需要量往往是很大的。许多国家用于现代信息技术研究开发的费用都很高。与传统技术不同的是，现代信息技术高投入的结果是回报风险性很大，一旦决策失误，不仅会遭受严重的损失，还会贻误发展的时机。

四、信息技术中的信息处理系统

（一）信息处理系统概述

信息处理系统是指用于辅助人们进行信息获取、传递、存储、加工处理、控制及显示的综合使用的各种信息技术系统，可以通称为信息处理系统。信息处理系统的结构如图 1-1 所示。

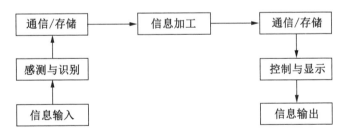

图 1-1　信息处理系统示意图

现实世界中存在着多种多样的信息处理系统。例如，雷达主要以感测与识别为主要目的的信息处理系统；电视/广播是单向的、点到多点的以信息传递为主要目的的信息处理系统；电话是双向的、点到点的，以信息交互为主要目的的信息处理系统；银行信息系统主要以处理金融信息为目的的信息处理系统；图书馆信息系统主要以信息收藏和检索为主要目的的信息处理系统；因特网是跨越全球的多功能信息处理系统等。

（二）典型信息系统介绍

1. 电子商务

电子商务是指对整个贸易活动实现电子化。从涵盖范围方面定义为：交易各方以电子交易方式而不是通过直接面谈方式进行的任何形式的商业交易，包括交换数据（如电子数据交换、电子邮件）、获得数据（如共享数据库、电子公告牌）以及自动捕获数据（如条形码）等。电子商务按照交易的双方可以分为：企业内部的电子商务、企业与客户之间的电子商务、企业之间的电子商务和企业与政府间的电子商务。

2. 电子政务

政府机构运用现代网络通信与计算机技术，将政府管理和服务职能通过精简、优化、整合、重组后在互联网络上实现的一种方式。

3. 远程教育

远程教育就是利用计算机及计算机网络进行教学，使学生和教师可以异地完成教学活动的一种教学模式。一个典型远程教育的内容主要包括课程学习、远程考试和远程讨论等。

4. 数字图书馆

数字图书馆是一种拥有多种媒体、内容丰富的数字化信息资源，是一种能为读者方便、快捷地提供信息的服务机制。如果把因特网看成是一个巨大的无墙图书馆，广义的数字图书馆的目标就是要优化因特网的信息存储结构，提供一致的检索接口，使整个网络成为一个虚拟的、单一的、有组织的，有结构的信息集合，实现跨仓储的有效查找。该课题涉及计算机科学、图书馆与信息科学、教育等。

第二章　大数据与新闻传播分析

信息化时代涌现多种类型的网络媒体，信息传播的数量呈几何倍增长，内容呈现碎片化趋势。新闻工作人员需要增强甄别信息和掌握全局的能力，合理运用大数据技术，采集、挖掘、整理、分析和处理数据，获取有价值的信息。同时开拓短视频、社交软件等微传播平台，运用其无可比拟的及时性、交互性、传输性的特点，挖掘受众的阅读习惯。

第一节　大数据概述

一、大数据的概念

一般而言，大数据既不是单纯的数据，也不是某一种或某几种 IT 技术，而是数据、技术与思维三者的结合，这正是大数据的核心内容所在。

（一）数据信息是大数据的基础

当今世界，数据正在呈指数级、爆发式增长。数据是记录信息的载体，是知识的来源。进入大数据时代，意味着人类可以分析和使用的数据大量增加，通过这些数据的交换、整合和分析，人类可以发现新的知识，创造新的价值。

（二）信息技术是大数据的载体

由于数据来源丰富、类型多样、数量庞大，传统的数据处理方法已无法满足存储和分析挖掘数据的需求。为有效应对这一局面，以海量数据存储技术、海量数据管理技术以及数据可视化技术为代表的 IT 技术应运而生。正是这些 IT 技术的广泛应用，对海量数据的收集、管理和分析，挖掘才真正成为可能，大数据也由此迎来了高速发展的时期。

（三）管理思维是大数据的灵魂

数据信息的迅猛增长和 IT 技术的日新月异为大数据时代的到来创造了条件，但善于发掘和利用数据价值的管理思维才是大数据的核心与灵魂。若缺乏通过数据创新来挖掘潜在价值的理念，不懂得通过采集数据、掌握数据、运用数据来总结过去、预测未来，都只能与大数据失之交臂。[①]

二、大数据的特征

（一）规模性

大数据的特征首先就体现为海量的数据规模，只有数据量足够大，反映出的结果才能更加稳定，更能反映客观规律。要想了解基础教育的发展趋势，必须要把基础教育发展过程中的每一个阶段数据收集起来，通过大数据分析找到其内在的发展规律，为教育决策提供数据支撑。因为这些数据都是在不断增长的，且每个时间点都不一样，面对这样高速增长的数据，迫切需要智能的算法、强大的数据处理平台和新的数据处理技术，来统计、分析、预测和实时处理如此大规模的数据。

（二）多样性

广泛的数据来源，决定了大数据形式的多样性。大数据大体可分为三类：一是结构化数据，可以简单地理解成表格里的数据，同一条目下的数据结构相同。利用计算机处理结构化数据的技术比较成熟，如 Excel 很容易进行加减乘除、汇总、统计之类的运算。如果进行大量的运算，需要用到专业软件对这些结构化数据进行存储和处理。如财务系统数据、信息管理系统数据、医疗系统数据等，其特点是数据间因果关系强。二是非结构化的数据，如视频、图片、音频、地理位置信息等，这些数据的特点是数据间没有因果关系，无法用统一模式去处理，因此对数据的处理能力要求更高。三是半结构化数据，如 HTML 文档、邮件、网页等，其特点是数据间的因果关系弱。

（三）高速性

大数据的交换和传播是通过互联网、云计算等方式实现的，对处理数据的

---

① 王宏伟. 税务大数据研究［J］. 湖南税务高等专科学校学报，2019，32（1）.

响应速度有严格的要求，有的应用要求对数据的处理要做到实时、快速，这就需要将分布式计算、并行计算等技术深度地结合以满足需求。数据的增长速度和处理速度是大数据高速性的重要体现。

（四）价值性

价值性也是大数据的核心特征。通常情况下有价值的数据比较分散、密度相对较低，要在海量数据中寻找有价值的信息需要相关技术支持。大数据最大的价值在于通过从大量不相关的各种类型的数据中，挖掘出对未来趋势与模式预测分析有价值的数据，并通过机器学习方法、人工智能、数据挖掘等方法深度分析，发现新规律和新知识，并将其应用于各个领域，从而最终达到提高效率、促进发展的效果。亚马逊、京东、淘宝等网络购物平台，根据收集到的用户浏览网页的信息，在每个商品界面停留的时间长短，分析出用户的购物嗜好，进而给用户推送更多的此类商品，供用户选择。教育领域在大数据时代已经积累了海量的数据，挖掘数据中信息的相关性，让这些数据服务于基础教育，对基础教育的发展有极大的推动作用。①

三、大数据技术的应用流程

（一）数据采集与预处理

在大数据技术的数据采集与预处理阶段，数据的获取、清洗和融合整合是关键步骤，对于后续数据分析与建模以及数据应用与展示具有重要的影响。

数据获取是大数据技术应用流程的第一步，它涉及各种数据源的获取，如互联网、物联网、社交媒体等。在数据获取时，需要遵循"有目的、有计划、有标准、有保障"的原则，对数据的获取进行规划和管理，确保数据的质量和可用性。

数据清洗是指对获取的数据进行处理，使其能够被后续分析和应用所使用。数据清洗的关键在于数据的规范化、去重、去噪和填补缺失值等操作，保证数据的准确性和完整性。

数据融合和整合是指将不同数据源的数据进行合并，形成一个全新的数据集合，为后续的数据分析和应用提供更加丰富和全面的数据支持。数据融合和整合需要采用多种方法和算法，包括数据结构的设计、数据清洗的处理、数据

---

① 雷静. 互联网+在基础教育中的应用模式研究［M］. 北京：北京航空航天大学出版社，2022：71.

标准化的流程以及数据整合的策略等，最终将数据整合成为一个高质量的数据集合。

（二）数据存储和管理

在大数据技术的应用流程中，数据存储和管理是至关重要的步骤。其中，存储介质和存储方式的选择、数据备份和安全是三个关键方面。

首先，对于存储介质的选择，需要根据数据类型和使用需求进行合理选择。常见的存储介质有传统硬盘、固态硬盘、内存存储和云存储等。需要根据数据量大小、存储速度、可扩展性等因素进行权衡选择，以达到最优的存储效果。

其次，对于存储方式的选择，需要结合具体需求来确定。常见的存储方式有分布式存储、关系型数据库存储和非关系型数据库存储等。要根据数据存储的形式、数据的快速读写需求和实时性需求等方面选择最适合的存储方式。

最后，数据备份和安全也是数据存储和管理的重要环节。数据备份可以避免数据丢失，避免遭到攻击等情况的发生，同时也可以通过备份数据来恢复误删或者系统损坏的文件。数据备份的频率和备份的类型可以根据业务场景的需求来进行灵活配置。

对于数据安全，需要在存储过程中采取一系列措施保障数据的安全性、完整性和可靠性。例如，可以通过加密措施保护数据的安全性，通过用户权限控制机制来控制数据的访问和操作权限，通过防火墙和入侵检测系统等技术措施来保障数据的完整性和可靠性。

（三）数据处理和分析

数据处理和分析是大数据技术应用流程中的核心步骤，能够帮助企业实现数据驱动决策，提升业务价值。从数据分析框架的选择、数据挖掘技术的应用，到业务需求分析和数据分析处理等方面，数据处理和分析的过程需要注重以下三个关键方面。

首先，数据分析框架的选择是数据处理和分析的基础。目前比较流行的数据处理和分析框架有 Hadoop、Spark、Flink 等。需要根据数据量大小、实时性等因素进行综合考虑，选择最适合企业需求的数据处理和分析框架。同时，需要将框架与企业已有的 IT 基础架构结合起来，进行适当的集成。

其次，数据挖掘技术的应用是进行数据分析的重要手段。数据挖掘技术主要包括聚类、分类、关联规则挖掘等。需要根据企业的具体业务需求，结合数据挖掘技术的特点和优势，选择正确的数据挖掘手段来实现数据分析和挖掘。

最后，业务需求分析和数据分析处理是数据处理和分析中最关键的环节。需要对企业的具体业务需求进行分析和解构，以明确数据分析的目标和任务，并选择合适的数据分析方法和工具来实现。在数据分析处理的过程中，需要合理运用数据可视化、数据建模等方法来优化分析结果的有效性和可操作性。

（四）数据可视化和应用

数据可视化可以帮助用户更加直观地理解和使用数据，数据可视化和应用的关键步骤包括可视化工具的选择、数据报告和分析、应用系统集成和部署三个方面。

首先，在可视化工具的选择方面，需要根据数据的类型、展示需求和用户使用场景等因素选择适合的可视化工具和技术手段，包括表格、图表、热力图、地图等多种方式。同时，还需要考虑数据的规模、结构和质量等因素，以选择最合适的数据可视化方案。

其次，在数据报告和分析方面，需要将大数据处理和分析的结果以报告和分析的形式呈现给用户，以满足他们的业务需求和分析目的。这包括基于数据的各种统计分析、数据挖掘和机器学习算法的结果输出，并将其整合到可视化报告中，为用户提供更直观、更易懂的数据分析结果。

最后，在应用系统集成和部署方面，可以将数据可视化与应用系统集成，以及通过部署到云端、移动设备或其他大型平台等多个场景中使得数据可视化更加优化。[①]

四、大数据的宏观意义

（一）大数据将促进政府工作的透明、高效

首先，大数据将推动政府开放数据资源，政府部门掌握着大量的统计调查数据和行政登记数据，在大数据战略的推动下，政府部门将逐步向社会开放这些数据资源，以最大限度地发挥这部分数据资产的利用价值；其次，随着政府应用大数据程度的加深，政府决策将基于更多、更准确的数据，从而提高政策的预见性和适应性；最后，在数据爆炸的时代，政府收集信息的方式，挖掘信息的方式，发布信息的方式，分析信息的方式等都将产生很大变化，不再需要为了得到精确的小数据而耗费大量的人力、财力、物力，既可以降低运营开

---

① 宋帅. 大数据技术的应用研究［J］. 信息记录材料，2023，24（8）.

支，又可以提高公共服务质量。

（二）大数据将开启商业智慧新时代

商务智能化即指综合运用数据仓库、联机分析和数据挖掘技术等手段辅助商业决策。大数据对企业的影响主要表现在客户洞察、营销规划、产品创新、物流管理、流程优化、人力资源管理和风险控制等七个方面。随着非结构化海量数据的出现，实时分析技术、人工智能技术和可视化分析技术等大数据分析技术将开启商业智慧新时代。

（三）大数据将加快科技进步与发展

大数据时代面临的海量存储、快速读写、实时分析等需求，将促进与芯片、存储等相关软硬件市场的快速发展，从而推动从大量多样化数据中集中提取有用信息的核心科学技术的发展。另外，由于市场缺乏大数据处理的相关人才，与大数据培训相关的服务市场也会获得空前的繁荣。

（四）大数据将推动社会生产力水平的提升

大数据即将带来一场颠覆性的革命，助推医疗、零售业、制造业、金融、能源等各行各业产生根本性变革，推动社会生产取得全面进步。展望未来，在医疗卫生行业，大数据将在临床诊断、研发、定价、付款、运营模式改进与创新方面发挥作用；在零售行业，大数据将推动市场分析、销售规划、运营以及供应链等方面的优化；在制造业，大数据将有助于更好地了解客户需求，改进产品设计，扩大产品销售；在金融业，大数据将发挥处理海量数据时快速、准确的优势，在较短的时间内构建准确、实时、贴切市场需求的模型；在能源行业，随着传感器的广泛引入，大数据将展示其用武之地，对传感器创造的海量数据进行实时分析。[1]

五、大数据安全威胁

在大数据环境下，各行业和领域的安全需求正在发生改变，从数据采集、数据整合、数据提炼、数据挖掘到数据发布，这一流程已经形成新的完整链条。随着数据的进一步集中和数据量的增大，对产业链中的数据进行安全防护变得更加困难。同时，数据的分布式、协作式、开放式处理也加大了数据泄露

---

[1] 李雪竹. 云计算背景下大数据挖掘技术与应用研究 [M]. 成都：电子科技大学出版社，2021：42.

的风险，在大数据的应用过程中，如何确保用户及自身信息资源不被泄露将在很长一段时间都是企业重点考虑的问题。然而，现有的信息安全手段已不能满足大数据时代的信息安全要求，安全威胁将逐渐成为制约大数据技术发展的瓶颈。

（一）大数据基础设施安全威胁

大数据基础设施包括存储设备、运算设备、一体机和其他基础软件（如虚拟化软件）等。为了支持大数据的应用，需要创建支持大数据环境的基础设施。例如，需要高速的网络来收集各种数据源，大规模的存储设备对海量数据进行存储，还需要各种服务器和计算设备对数据进行分析与应用，并且这些基础设施带有虚拟化和分布式性质等特点。这些基础设施给用户带来各种大数据新应用的同时，也会遭受到安全威胁。

（二）大数据存储安全威胁

大数据规模的爆发性增长，对存储架构产生新的需求，大数据分析应用需求也在推动着 IT 技术以及计算技术的发展。大数据的规模通常可达到 PB 量级，结构化数据和非结构化数据混杂其中，数据的来源多种多样，传统结构化存储系统已经无法满足大数据应用的需要，因此，需要采用面向大数据处理的存储系统架构。大数据存储系统要有强大的扩展能力，可以通过增加模块或磁盘存储来增加容量；大数据存储系统的扩展要操作简便快速，操作甚至不需要停机。在此种背景下，Scale-out 架构越来越受到青睐。Scale-out 是指根据需求增加不同的服务器和存储应用，依靠多部服务器、存储协同运算、负载平衡及容错等功能来提高运算能力及可靠度。与传统存储系统的烟囱式架构完全不同，Scale-out 架构可以实现无缝平滑地扩展，避免产生"存储孤岛"。

在传统的数据安全中，数据存储是非法入侵的最后环节，目前已形成完善的安全防护体系。大数据对存储的需求主要体现在海量数据处理、大规模集群管理、低延迟读写速度和较低的建设及运营成本方面。大数据时代的数据非常的繁杂，其数据量非常的惊人，保证这些信息数据在有效利用之前的安全是一个重要话题。在数据应用的生命周期中，数据存储是一个关键环节，数据停留在此阶段的时间最长。目前，可采用关系型（SQL）数据库和非关系型（NOSQL，not only SQL）数据库进行存储。

1. 关系型数据库存储安全

关系型分布式数据库的理论基础是 ACID（atomicity、consistency、isolation、durability，原子性、一致性、隔离性、持久性）模型。事务的原子性是指事务中包含的所有操作要么全做，要么全不做。一致性是指在事务开始之前，数据库处于一致性的状态，事务结束后，数据库也必须处于一致性状态。事务隔离性要求系统必须保证事务不受其他并发执行的事务影响。数据的重要性决定了事务持久性的重要性。

2. 非关系型数据库存储安全

由于大数据具备数据量大、多数据类型、增长速度快和价值密度低的特点，采用传统关系型数据库管理技术往往面临成本支出过多、扩展性差、数据快速查询困难等问题。对于占数据总量 80% 以上的非结构化数据，通常采用NOSQL 技术完成对大数据的存储、管理和处理。和关系型分布式数据库的ACID 理论基础相对，非关系型数据库的理论基础是 BASE 模型，核心思想是即便不能达到强一致性（strong consistency），但可以根据应用特点采用适当的方式来达到最终一致性（eventual consistency）的效果。

从 NOSQL 的理论基础可以知道，由于数据多样性，非关系数据并不是通过标准 SQL 语言进行访问的。NOSQL 数据存储方法的主要优点是数据的可扩展性和可用性、数据存储的灵活性。每个数据的镜像都存储在不同地点以确保数据可用性。NOSQL 的不足之处为在数据一致性方面需要应用层保障，结构化查询统计能力也较弱。

（三）大数据网络安全威胁

互联网及移动互联网的快速发展不断地改变人们的工作、生活方式，同时也带来严重的安全威胁。网络面临的风险可分为广度风险和深度风险。广度风险是指安全问题随网络节点数量的增加呈指数级上升。深度风险是指传统攻击依然存在且手段多样；APT（高级持续性威胁）攻击逐渐增多且造成的损失不断增大；攻击者的工具和手段呈现平台化、集成化和自动化的特点，具有更强的隐蔽性、更长的攻击与潜伏时间、更加明确和特定的攻击目标。结合广度风险与深度风险，大规模网络主要面临的问题包括：安全数据规模巨大；安全事件难以发现；安全的整体状况无法描述；安全态势难以感知等。

通过上述分析，网络安全是大数据安全防护的重要内容。现有的安全机制对大数据环境下的网络安全防护并不完美。一方面，大数据时代的信息爆炸，导致来自网络的非法入侵次数急剧增长，网络防御形势十分严峻。另一方面，由于攻击技术的不断成熟，现在的网络攻击手段越来越难以辨识，给现有的数据防护机制带来了巨大的压力。因此对于大型网络，在网络安全层面，除了访问控制、入侵检测、身份识别等基础防御手段，还需要管理人员能够及时感知网络中的异常事件与整体安全态势，从成千上万的安全事件和日志中找到最有价值、最需要处理和解决的安全问题，从而保障网络的安全状态。

（四）大数据带来隐私问题

大数据通常包含了大量的用户身份信息、属性信息、行为信息，在大数据应用的各阶段内，如果不能保护好大数据，极易造成用户隐私泄露。此外，大数据的多源性，使得来自各个渠道的数据可以用来进行交叉检验。过去，一些拥有数据的企业经常提供经过简单匿名化的数据作为公开的测试集，在大数据环境下，多源交叉验证有可能发现匿名化数据后面的真实用户，同样会导致隐私泄漏。

隐私泄露成为大数据必须要面对且急需解决的问题。在大数据时代，现有的隐私保护技术手段还不够完善，除了要建立健全个人隐私保护的法律法规和基本规则之外，还应鼓励隐私保护技术的研发、创新和使用，从技术层面来保障隐私安全，完善用户保障体系。此外，还应大力推动大数据产品在个人隐私安全方面标准的制定，提倡行业在用户隐私保护领域自律，并制定相应的行业标准或公约。

第二节　大数据对新闻传播的影响

一、大数据对于新闻传播的有利影响

（一）根据受众喜好精准推送新闻

在各类新媒体平台运行过程，应用大数据推荐算法，能够实现多层次、大规模的数据分析，重点对于新闻浏览用户的数据进行分析，进而分析用户喜好，实现精准推送。

比如：当前流行的"抖音""新浪微博"等新媒体平台，在新闻传播形式方面相对较多，可以根据用户画像完成新闻信息的推送，具体就通过大数据挖掘用户浏览新闻的历史记录，通过新闻主题，分析用户观看新闻的喜好，之后展开计算，将与用户浏览新闻较为相似的内容向其推送。还可以利用协同过滤的方法，为受众推荐新闻信息，在大数据的应用之下，可以在网络上寻找喜好相同的一类用户，将对应新闻内容推送给用户。除此之外，还可以利用热门推荐的方式，通过大数据计算出短期内热门事件的点击率，之后向所有用户推送。抖音平台使用过程，用户可以看到"百万点赞"这类视频，就是利用大数据技术进行热门推荐，各类广告视频是根据用户画像或者协同过滤的方式进行推荐。如果某个用户频繁使用抖音平台浏览财经类新闻，并且对于新闻信息进行转发、评论或者点赞，那么平台就能自动记录用户浏览习惯，在筛选热点事件过程中，优先为用户推送此类新闻。这样的推送模式就是利用大数据深度计算而完成，能够实现根据用户喜好完成新闻信息的个性化推送。

（二）新闻传播时效性更高

新闻具有三方面特点，一是时效性，二是真实性，三是准确性。时效性主要是这是指新闻报道何时能够生效，新闻报道传播应该迅速并时机适当，只有让传播速度、传播时机二者之间相互统一，才能更好地体现新闻三要素。大数据时代，网络平台由于具备大数据技术优势，使得新闻传播在时效性方面体现得更为明显。当新闻事件发生之时，通过新媒体平台就能快速收集相关信息，整合多种类型新闻素材，经过平台加工，将与新闻事件相关的短视频向抖音平台之上投放，还可以通过图片或者文字的形式向新浪微博上投放。典型的就是"微博热搜"，通过该窗口，受众能够了解当前国内热点新闻。在大数据的支持下，微博热搜的刷新速度较快，每分钟都能更新一次热点事件，人们只需要打开微博，点击热搜榜，那么热点事件就会映入眼帘，有效提高新闻传播效率。

（三）平台信息反馈及时

和传统新闻媒体相互对比，新媒体在信息反馈方面更具有优势。利用新媒体平台，人们可以浏览热点事件，表达自己的观点，并且组织观众展开讨论。在浏览新闻信息的时候，人们已经不局限于报道本身，更加关注评论区内容，因此，可以通过高评论率判断新闻报道质量。新媒体平台可以实时反馈新闻传播信息，利用大数据技术，整合与加工，优化新闻报道模式，让新闻传播效率更高。还可以根据热点事件开设专栏，持续追踪，利用大数据反馈结果，及时获得用户观看体验，还能拉近用户和新闻的距离。

（四）叙事风格变化，宏观与深度相结合

宏观叙事是将故事放在宏大的历史背景和主题之下，展现事物在一个较长阶段的规律或特征。深度叙事则注重挖掘事实的深层次信息，具有多角度多层次的叙事特点。在传统的新闻传播活动中，受到人力物力等条件限制，新闻叙事往往在宏观与深度之间侧重其一，很难兼得。大数据技术则打破了这一局限，实现了宏观与深度相结合的理想状态。因为大数据技术能够将海量无序的数据进行整合梳理，同时把时间间隔较长的多个数据信息迅速串联，使引入大数据技术的新闻内容不再只是当下的事实，而是能够反映与事实相关的各种线索信息，呈现当下事实发生的社会背景、历史全貌，引发受众的深度思考。同时，新闻从业者也可运用大数据技术作为分析工具，对与事实相关联的数据进行深层次学习、分析，挖掘事实背后的信息，补全受众信息量的不足，对社会现象做出更加深刻的揭示。

（五）呈现方式创新，为新闻传播内容可视化提供更多可能

大数据技术赋予了新闻报道更多的呈现可能，包括静态信息、图表、图文交互、VR 交互、短视频和多媒体交互等，这些呈现形式与传统的新闻传播内容相比，更加具有可视化的特点。从受众的角度来看，传播的内容更加全面明了；从传者角度而言，通过图表形式与复杂的信息内容进行结合有助于复杂内容的简单化。因此，这种方式更适合处理数据多且复杂的新闻内容，新闻传播者通过大数据的应用来提升受众对新闻传播的体验感。在新闻传播行业中大数据的应用为新闻作品向多样化的、可视化方向推进提供更多数据基础，既有助于帮助受众提高对新闻传播内容的理解和接受度，也给创作者提供更多素材。[①]

（六）新闻传播效率更高

在传统媒体环境之下，报道新闻以前，需要确认事件、拍摄素材、撰写稿件、录制视频、送审待播，可见新闻制作流程烦琐。依托大数据技术，新闻记者能够通过网络瞬时获取大量的新闻素材，还能在新闻发生之时进行实时传播，无论是视频录制还是文稿编辑都更加便利，制作以后还可利用新媒体平台发布，为不同用户提供良好的新闻浏览享受。比如：央视新闻通过抖音平台进行新闻直播，在新闻传播过程融合"拍、讲、写"等内容，利用大数据快速传播新闻，突破技术应用壁垒，让新闻时效性能够得到保证，使新闻报道效率能够得到不断提升。

---

① 赵霓. 大数据对新闻传播的影响分析 [J]. 中国记者，2020（10）.

二、大数据给新闻传播带来的挑战

(一) 可能存在虚假信息

长期以来，在新闻传播领域当中存在着片面观念，使得新闻传播在因果关系当中被局限，这类传播理念的存在可能导致新闻媒体在信息采集过程，未能注重新闻内容的延伸和拓展。大数据时代来临以后，让新闻信息的获取来源更加宽广，从业人员应该在新闻传播、新闻挖掘之间建立联系，以此为基础，让新闻行业从业者可以深入基层，从群众角度出发，让受众也能参与其中。互联网时代，群众可以利用手机或者电脑这类电子设备随时浏览新闻，并且发表自己观点。虽然新闻媒体在新闻传播领域处于主导地位，但是，在大数据时代，新闻传播模式逐渐发生改变，传播形式也更加多样化，能够实现点对点、面对面或者点对面形式的传播。新闻传播、新闻接收二者之间相互并行，需要将传播者、接收者关系进行有机融合，树立全新的新闻传播观念。从业者既要做好新闻传播工作，又要考虑到受众需求，和受众进行交流和互动，获取其反馈信息，在此基础上利用大数据完成信息的采集和处理，妥善利用，才能保证新闻传播符合更多受众需求。

(二) 并未较好地利用大数据的优势

基于大数据开展新闻传播，其具有真实性、及时性、预测性等优势，但是由于新闻传播者缺乏对大数据的正确认知和应用的能力，也导致大数据的优势并未有效发挥。首先就新闻工作者而言，大多具备制作新闻的能力，但是在大数据的使用方面能力不强。比如大部分的新闻工作者，并不会对网友网购习惯、兴趣爱好以及新闻偏向性等进行分析，导致新闻工作者并不了解用户的需求和行为模式，只以现有的新闻为主不断地进行新闻的创作和传播。其次并未发挥出大数据的预测功能。如在新闻报道中大多数都是以事实为主，但是目前也已经衍生出新的报道的模式，即预测性新闻报道。一些新闻工作者在播报这类预测新闻时，主要以个人判断为主，忽略了对大数据技术的应用，导致预测的准确性不高。总之，在新时代下，新闻工作者对大数据的理解、认知以及使用能力不强，均影响了新闻传播的质量。

(三) 过于注重点击率，忽略了新闻内容的质量

大数据出现之后，新闻行业的竞争日趋激烈，尤其是传统媒体行业，虽然

年代久远，但是在自媒体出现之后，受众群体明显减少。这与新媒体所带来的优势有很大的关系，比如新媒体可以将人们碎片化的时间利用起来，能够以受众体为中心优化新闻传播内容的形式，还能够通过互动，增强和受众群体的联系。在此背景下，一些传统媒体纷纷加入微博、抖音等新型的传播渠道中，但是在加入的过程中，却忽略了对质量的把控。比如为了点击率、涨粉，制作一些假新闻，或者是过于地夸大新闻的事实，搞噱头，在短时间内或许可以吸引到用户，但是长此以往，必然会影响观众对该媒体的信任度，也不利于媒体行业的可持续发展。①

（四）复合型人才缺乏

大数据背景下，对于新闻行业从业者能力提出更高要求，特别是数据分析方面的能力，因为数据分析关系新闻传播、制作等。而部分新闻传播领域从业者并没有对于新媒体技术和大数据技术展开学习，可能自身技术并不能适应新时代新闻传播的需求。复合型人才的缺乏，也是影响新闻传播质量的重要因素。②

第三节 大数据背景下新闻传播人才培养模式探讨

一、大数据时代对新闻传播人才的要求

大数据技术是在信息网络的基础上发展起来的，其与新闻传播领域的结合，有效改变了传统的新闻传播方式，对新闻传播人才的各项能力也提出了新的要求。

（一）数据抓取能力

在网络环境下，新闻工作者面对海量的数据信息，需要从这些信息中提取有效内容。这就需要新闻工作者对时事热点拥有超强的感知能力，能敏锐地察觉到具有时效性的新闻信息。在提取过程中，新闻工作者需要借助大数据技术对新闻信息进行抓取、整理，并编写出具有社会话题性的新闻稿件。与过去的

---

① 肖长春．大数据对新闻传播的影响分析［J］．环球首映，2021（11）.
② 郑兴勇．大数据对新闻传播的影响分析［J］．卫星电视与宽带多媒体，2021（23）.

新闻传播工作相比，在大数据背景下，新闻工作者需要具备较高的个人素养，还应具备大数据技术应用能力。这就需要高校在培养新闻传播人才的过程中，注重培养学生的数据抓取能力，强化学生的数据意识。

（二）数据分析能力

对于新闻工作者而言，对数据信息进行分析是其应该具备的基本素养之一。新闻工作者应借助数据信息分析，有效梳理出信息之间的关系，进而梳理出实时热点事件中的重点内容。同时，各平台可通过数据分析，了解不同新闻内容在不同受众体系中的受关注度，以促使新闻信息的精准投放。因此，在大数据背景下，高校需要注重培养新闻传播人才的数据分析能力。

（三）知识应用能力

新闻传播涉及面广，并且对所传播信息的准确性和专业性要求较高。因此，新闻从业者需要储备足够的知识量，对各个领域的知识都要有所涉及，准确抓住各领域中的关键性新闻，并保证新闻稿件的深度。从新闻行业的发展情况来看，目前新闻媒体行业对新闻传播人才的知识面、个人观点等都提出了较高要求，以满足受众群体对新闻信息提出的要求，使受众在阅读新闻信息时能够清楚地了解信息要点。为了满足新闻行业的这一发展需求，高校在培养新闻传播人才的过程中，也应该注重丰富学生的专业知识，使他们拥有广阔的知识面，以提高新闻传播质量。

（四）数据整合能力

新闻媒体需要在大数据时代继续发挥引导作用，让受众从新闻报道中获取准确信息。这就要求新闻工作者不能单纯地完成数据撰写，还需要注重增强新闻传播效果，将数据进行可视化处理，在叙述新闻事件的过程中，将定性描述转化为定量描述，提高新闻内容和数据信息的可靠性。因此，高校在培养新闻传播人才的过程中，应该注重培养学生的数据整合能力，最大限度地提升新闻信息的专业性和可参考性，实现新闻报道的高质量传播。①

———————

① 郑静．大数据模式下新闻传播人才培养研究［J］．西部广播电视，2020（9）．

二、新闻传播人才培养模式创新的必要性

（一）顺应大数据时代新闻传播领域的变革

在大数据背景下，新闻传播领域发生了很大的变革，这些变革对新闻传播工作者的素质产生了很大的影响，也冲击了高校的教育。相关的学者认为，大数据时代新闻传播领域变革非常普遍。其一，在大数据时代，大规模、多样性的海量数据产生，使得数据的传播速度得到很大的提升，直接取代了职业新闻工作者的新闻线索收集和新闻选题工作，为新闻报道提供大量的素材。大数据可以收集金融和体育等领域的大量数据，计算机工作逐渐取代了人的工作。其二，在大数据背景下，通过数据驱动的方式可以对新闻事件进行进一步的调查，可以对新闻进行深度报道，对新闻的趋势进行预测，使新闻的报道更加具有客观性。与传统的新闻媒体相比，新闻的报道完全依赖新闻记者的知识体系和专业素养，在新闻捕捉中，完全依靠新闻记者的经验进行深度报道。在大数据背景下，对海量数据进行深入分析，新闻记者的视野会进一步拓宽，可以使报道更加客观和公正，大量的数据提升了新闻报道的说服力。其三，在大数据时代，传统的信息已经转化成图表化的表达形式，使表达的内容更加直观和客观，人们可以更好地对事件发生的脉络进行分析，对零散的内容进行整合，对事件的本质进行挖掘，并且结合各方的意见，提炼观点。通过信息图表的方式可使文本信息更加形象化，是一种可视化的表达方式。我国多媒体技术的应用在一定程度上改革了传统信息的传播方式，可以对信息进行深层解读。其四，在大数据背景下，海量的数据可以为受众提供更加有价值的信息，新闻传播人可以对受众的喜好进行分析。在互联网上可以对受众关注的问题进行汇总，了解受众的行为，提升新闻工作者收集新闻事件的敏感性。在大数据时代下，新闻以一种新的模式和状态运行，在实践的发展下，新闻传播教育也会实现高度的变革。

（二）新闻传播人才培养可以借鉴他国先进经验

在大数据时代下，西方一些国家对大数据相关技术高度重视，并且开设了数据分析师的课程。我国对数据分析师的需求量也非常大，结合新闻传播的规律，我国新闻传播人需要懂得数据挖掘的知识。因此，高校在新闻传播课程开

设中，应该与国际接轨，培养数据挖掘和分析人才。①

三、新闻传播人才培养模式

（一）新闻传播实效性培养模式

我国的数据形式发展尚处于初步阶段，但是其发展速度却非常快。在数据新闻层面上，大数据时代下传媒市场发展非常迅速。随着今日头条和腾讯新闻的发展，媒体新闻和网络建设非常顺利。很多新闻传播者在工作中会结合用户的需求和购物软件中产生的数据挖掘有价值的新闻，为用户提供相关的新闻资讯，从而降低消费者在购物中的盲目性，也能帮助商家更好地了解消费者的需求。因此，在大数据时代下，新闻工作者应该对受众群体的需求进行进一步的分析，还要对受众信息进行选择，从而将信息及时传递给受众。

（二）适应时代变化的培养模式

从新闻传播学的角度，新闻事业的发展速度非常快，因此在新闻工作人员的培养中，应该结合时代的发展。在大数据技术支持下，新闻传播者要提升自身数据的分析能力，要高效地处理数据，完善数据的整合，在进行数据分析环节中，应该将信息进行有效的调整，高效地简化信息，采用直观的方式表达信息，形象地将新闻信息描述出来，并且直接传达给受众。在新闻传播的过程中，会形成大量的舆论，所以新闻工作者要完善舆论的监督作用，使受众可以全面地了解新闻，不要捕风捉影。

四、大数据时代新闻传播人才培养模式的创新

（一）革新新闻传播专业课程体系

首先是应该重新构建新闻传播专业的课程相关体系，并且增加能够培养学生数据素养的像《数据挖掘》《数据伦理》类相关的课程。而对于课程的具体设计，需要与新闻传播专业学生的学习特点相结合，利用具体的新闻案例来作为课程讲授的主要方式，促进学生对数据技能的掌握，同时也能够让学生对采访、编辑、评论以及写作技能进行深入学习。在学生进入社会之后，他们应该发挥自己的学识，不仅具有新闻的敏感性与社会的洞察力，还能够对各种数据

---

① 于家齐. 大数据时代新闻传播人才培养模式创新［J］. 科技传播，2019，11（2）.

算法进行分析，利用大数据的优势来分析社会的热点问题。

（二）建立在线教育平台

可以将我国设有新闻专业的学校进行联合，共同打造新闻传播专业的在线教育相关平台，实现新闻专业的在线教育，将本学校比较优秀的课程与教学视频放置在网络上实现共享，使得学生能够自己学习到相应的知识，与此同时还能够建立一种互助的学习条件，使得学生们不仅仅是停留在书本上的知识，而是自己运用大数据的优势获取一定的信息，感受大数据带来的变化。除此之外，这种学习方式能够在实现网络互助的同时帮助一些学校没有开设相关课程的学生建立知识结构。

（三）进行跨学院的交互学习

在大数据的时代，工程师与数据挖掘师这两个岗位是非常重要的，但是工程师往往对于新闻的敏感性不高，因此，跨学科人才的培养显然是未来发展的趋势。学科设置比较全的综合性大学，可以建造一种新型的教学培养模式，来对学生进行交互式的教学。

（四）加强与媒体、企业的合作

首先，多方合作开设符合现代信息技术发展的新闻专业课程，并且建立企业实践的课程，促进学生社会与行业真正需要的技术能力的发展；其次，媒体行业应该为学生提供实习的岗位，让学生能够在实践中真正学到知识，掌握大数据背景下新闻传播的特点。①

第四节 大数据时代新闻传播的创新路径

一、创新信息数据分析方式

传统新闻信息之间注重前因后果的关系，通常仅报道与事件具有直接因果关系的信息。而大数据时代下，信息传播速度、更新速度快，更注重于信息的

---

① 王彦博. 浅析大数据时代新闻传播人才培养模式的创新 [J]. 科技传播，2018（15）.

关联性，即便与事件并不存在因果联系，也可用作报道内容，将其作为新闻的一部分。因此，创新新闻传播路径，应调整思维模式与数据分析方式，积极利用互联网技术、计算机技术和专业分析软件提取有效信息，客观分析信息之间的关联性，实现信息处理的自动化、智能化，便于获取更客观、宏观的结论，获取更高的新闻价值，客观预测事件发展的整体趋势、变化态势。为提高新闻信息挖掘、处理、传播效率，相关研究人员也应积极开发多领域数据处理技术作为辅助工具，构建结构合理的新闻数据库，便于新闻工作者检索、收集、整理、分析有效的信息数据，发现其中规律，提高新闻传播质量。通过创新信息分析方式，可代替传统人工操作，提高效率的同时降低错误率，降低新闻工作者的工作强度，提高信息精确度，提高新闻传播的整体效果。

二、合理运用大数据手段

在新闻传播的创新过程中，应坚持健康化、持续化、价值化，筛选提取有价值、有意义的信息与数据，摒弃无价值的信息，以保障新闻传播质量。传统新闻传播形式只注重于发布新闻事件，并不关注受众的理解能力、接收能力、兴趣特点等，交互性差，难以及时获得观众的反馈，也难以充分满足受众的需求。为弥补这一缺陷，新闻媒体可充分利用大数据分析技术，建立新闻数据库，收集整理各方面有价值的信息，深入分析当前新闻热点话题、新闻趋势、不同受众群体的受众需求等。通过大数据分析，可判断新闻行业发展情况与观众对于新闻内容的需求，以此为依据合理调整和创新新闻传播内容、主题、形式、渠道等，以充分满足受众对新闻信息的需求。传统新闻传播通常需要人工进行实际调研，其效率较慢，且覆盖面小，难以获得足够精确的、大量的数据。而大数据时代下，可充分利用先进的网络技术、信息数据处理技术，从海量数据中提取有关信息，可快速获得精确数据和结论，具有综合性与多元性，可更准确地评估受众的新闻需求，便于针对性推送新闻信息。

三、合理运用微传播平台

如今信息技术、网络技术全面深入人们的日常生活与工作中。为适应不断加快的生活节奏，大量微传播平台应运而生，包括微博、微信、短视频平台等，也因此涌现了大批自媒体，使微传播平台成为重要的新闻传播工具。微传播平台与传统新闻媒体平台相比，具有及时性、交互性、传输性方面的优势，既能实时推送信息，也能与受众群体展开实时在线互动交流，可及时获得受众的反馈，获取受众的真实想法，了解其对新闻事件的看法和意见。在新闻传播创新中，也应注重合理运用微传播平台，借助平台传播信息，扩大影响力，便于媒体发掘受众的新闻偏好、需求等，可为新闻传播的创新提供一定参考，使新闻传播内容与形式更符合受众的心理预期。当出现重大事件时，新闻媒体可在第一时间将新闻信息发布于微传播平台中，其良好的交互性使观众可随时进行互动、转发，将新闻信息快速传播出去，提高新闻传播效率。由于微传播平台中包含大量自媒体，竞争性较强，新闻传播时也应注重形式、内容的不断创新，以吸引受众眼球，满足其信息阅读需求。

四、以传统新闻媒体为依托

大数据时代下，新闻传播的创新在于拓宽传播渠道，提升传播速度，保障其灵活性与多元化。但在创新过程中，仍需以传统电视新闻媒体、纸质媒体为基础和主流，基于传统媒体进创新开发。无论何种传播途径或形式，媒体都必须保障新闻信息的真实性、客观性、时效性特征。在大数据时代，新闻信息量增多，为新闻传播提供了素材，但也容易出现信息不对称，其客观性、真实性难以准确识别，这也是网络中虚假新闻信息较多的重要原因。因此，必须坚持电视新闻媒体、纸质媒体的权威与主流地位，保障其影响力与公信力，客观公正地向民众传播新闻信息，对观众的思想、行为予以正确的引导，减轻虚假信息对社会造成的负面影响。与微博、微信、新闻网站等平台相比，传统电视媒体、纸质媒体在实时性方面存在不足，当新闻事件发生时，网络平台可第一时间发布新闻信息，而传统媒体则通常需要在第二天才能刊登该新闻事件。为弥补实时性方面的不足，传统媒体可着重于新闻事件的解析，帮助受众在了解新闻事件的同时理解其深层次的内涵，以吸引受众目光，发挥传统媒体的价值。在创新新闻传播形式、内容的同时，不可丢弃传统新闻媒体，应通过融合发展适应时代特点，推动传统新闻媒体的健康发展。①

---

① 丁宁. 探索大数据时代新闻传播的创新路径 [J]. 卫星电视与宽带多媒体，2020（7）.

第三章　AR/VR 技术与新闻传播分析

VR 技术和 AR 技术出现之后，由于其对事件场景的高度还原性和良好的体验性，很快被引入新闻业之中。而 VR 技术和 AR 技术在新闻业态中的尝试与普及，也逐渐改变和颠覆了新闻信息的传播模式。借助 AR 技术和 VR 技术生产的 AR/VR 新闻，拓展了媒介技术在新闻传播中的运用模式，对现有的新闻业态产生了深刻的影响。本章主要论述了 AR 技术与 VR 技术基础知识、AR 技术对传统新闻传播的影响、AR 技术在电视新闻中的应用、VR 新闻的挑战及对传统新闻传播的补偿、VR 技术在新闻传播领域的应用以及央视网 VR 新闻的内容生产分析等方面的内容。

第一节　AR 技术与 VR 技术概述

一、AR 技术概述

（一）AR 技术的定义

AR（Augmented Reality，即增强现实技术）是通过电脑技术，将虚拟的信息应用到真实世界，将真实的环境和虚拟的物体实时地叠加到了同一个画面或空间。这是一种将真实世界信息和虚拟世界信息"无缝"集成的新技术，它能把原本在现实世界的一定空间、时间范围内很难体验到的实体信息（视觉信息、声音、味道、触觉等），通过电脑等科学技术，模拟仿真后再叠加，将虚拟的信息应用到真实世界，被人类感官所感知。通过这样的虚实融合来增强用户对真实环境的理解和感受，以此来达到增强的效果。

（二）AR 技术的特点

1. 虚实结合

AR 技术将计算机窗口与图标叠映于现实对象，并可由用户进行手势指点等操作。此外，可让三维物体根据需要交互地改变其形状和外观；可对现实目标通过叠加虚拟景象产生类似于 X 光透视的增强效果；可将地图信息直接插入现实场景辅助驾驶；可通过虚拟窗口调看室外景象，使墙壁仿佛变得透明。

2. 实时交互

AR 技术让用户可通过交互设备直接与虚拟物体或虚拟环境进行交互，增强用户对环境的感知，从而使简单的人面对屏幕交流发展到将用户融合于周围的空间与对象中。

3. 三维定位

AR 技术通过虚、实两个摄像机的全方位对准，使虚、实场景融合一体，可让用户在三维空间中自由增添、定位虚拟物体。

二、VR 技术概述

（一）VR 技术的定义

VR（Virtual Reality，即虚拟现实技术）是利用电脑模拟产生一个三维空间的虚拟世界，提供用户关于视觉等感官的模拟，让用户感觉仿佛身临其境，可以即时、无限制地观察三维空间内的事物。通过戴上虚拟现实眼镜、手套等特制的传感设备，使用户可以置身于一个具有视觉、听觉、触觉甚至嗅觉的三维模拟世界，并且可以通过相应的设施进行信息交互。

（二）VR 技术的特点

1. 沉浸性

这是 VR 技术最主要的特征。当用户感知到虚拟世界的刺激（包括触觉、味觉、嗅觉、运动感知等）时，便会产生思维共鸣，感觉如同进入真实世界。

2. 交互性

当用户进入虚拟空间，相应的技术让用户跟环境产生相互作用，而用户进行某种操作时，周围的环境也会做出某种反应。

3. 多感知性

理想的 VR 技术应该提供一切人所具有的感知功能，由于相关技术，特别是传感技术的限制，目前 VR 技术所具有的感知功能仅限于视觉、听觉、触觉、运动等几种。

4. 构想性

当用户进入虚拟空间，可根据自己的感觉与认知能力，发散拓宽思维，创立新的概念和环境。①

第二节　AR 技术对传统新闻传播的影响

AR 新闻出现之后，以全新的传播方式重构传统的新闻生产模式，它改变着新闻生产的内容、新闻生产的形式，同时也影响着新闻的传播效果。

一、传递信息演变成传递场景和体验

传统新闻生产模式中，新闻信息的内容主要通过文字、图片和视频等传播，这些新闻内容都是经过媒体精心编辑、整理的。AR 新闻在传递的内容上，则不仅仅是传递新闻信息，它通过现实增强技术，可以将新闻现场直接"传递"给受众，并且借助 AR 技术，让受众利用网络和手机摄像头就可以轻松实现对新闻现场、新闻内容的全方位、立体的阅读。如 2018 年 5 月《纽约时报》，对大卫·鲍伊的服饰展进行报道，该报道中就使用了 AR 新闻报道模式，手机中下载了纽约时报相关应用程序的用户可以在"物理空间中查看真人大小的服装模型，或者把缩小版的作品放在桌面上"②，这样一来，即使没有去现场的受众，也可以通过 AR 新闻来直接感受这些时装的大小、360°全方位观看时装模型。所以，不同于以往新闻传播，新闻主要是传递信息，让受众了解和认知信息，AR 新闻传播内容上，告知信息只是新闻传播中的一部分，它更注重的是"新闻现场"的直接传递，影像和视频的传播使得新闻传播中的"真实感"和"现场感"大大增强，同时由于提供了逼真的"现场"，受众能够借助手机等设备去"体验"新闻现场和新闻报道的内容，"临场感"体验被强化。在绵阳召开的中国科技城国际博览会中，四川日报就采用了 AR 新闻进行报道，其制作的"AR 动新闻可谓科博会展馆导览的'直通车'，根据 5 个

---

① 袁胜强.3D EXPERIENCE 平台的市政交通工程 BIM 解决方案［M］.上海：同济大学出版社，2020：43-45.

② 张通.AR 动新闻：在四川日报上看"动起来"的科博会!［N］.川报观察，2019-09-07.

展馆的真实照片制作了精细的三维模型，并在每个展馆的模型上都加载了相关的网页专题，更详尽地提供场馆信息、展馆活动安排。"这样，即使没有到现场的受众，也可以借助手机直接观看三维立体的展览，直接通过自己的浏览去体验"现场"般的观感。

所以，传统新闻的内容注重将信息直接告知给受众，是一种简单的信息传递行为。AR 技术进入新闻生产模式之后，直接打破了信息传递的单一性，它传递的内容更加丰富多样，尤其是新闻现场的直接传递，强调了受众对新闻现象的感受，这已经成为未来新闻内容生产上更加主流的模式。

二、从平面、静态的信息到 3D 动态和多维信息

传统新闻的载体和形式，也是随着科技的进步不断演化的，从早期的文字逐渐演化到图片和视频。然而，在 AR 新闻出现之前，新闻传播形式不管如何演变始终停留在二维状态，受众接受的无论是图片还是视频都是单一的二维信息。

AR 新闻由于可以借助虚拟影像叠加在真实影像之上，再借助计算机生成三维图像，轻松地实现了信息传递的层级叠加。同时，AR 技术还可以实现图形的 3D 呈现和不同角度的旋转和移动，这也使得在信息传递的过程中，信息传递的效率提升。因为在同样的图片信息传递中，如果是 AR 新闻的 3D 图片，其信息的负荷量远远大于纸媒的平面图片；同样是视频新闻，AR 视频新闻传递的信息量也远远超过了普通的视频新闻。同时，有 AR 技术加持的 3D 和多维角度新闻，也改变了受众浏览新闻信息的视角，平面的、单一的视角使得受众对于新闻事件的认知始终被拘囿在相对固定的空间中，AR 新闻扩大了受众阅读新闻事件的视角，同时在单位时间内能够掌握更多的关于事件的信息，所以 AR 新闻的出现也大大提高了新闻传播的效率。

三、受众浏览信息中的主动性和交互性增强

在传播效果上，AR 新闻的出现极大提高了受众在信息接受中的主动性。在传统媒体时期，新闻传播呈现单向流动模式，受众被动地接收新闻信息，并且无法和媒体形成有效互动。自媒体出现之后，受众可以通过评论、留言参与到和媒体以及其他受众的互动中，但是这种互动的范围还是局限在受众和受众之间，包括受众利用自媒体进行新闻的"二次传播"，这依然属于新闻信息受众之间的互动，受众和发布传递信息的媒介之间尚未形成良好的互动，也就是说受众始终还是新闻信息的单向接受者。

所以，无论是传统媒体时期还是自媒体时期，受众始终都是新闻信息的被动接受者。AR 新闻出现后，由于新闻信息的传递由信息演变成场景和体验，受众就可以自己决定浏览新闻的角度和内容的深度，受众对新闻信息接受的主动性大大增强。如 2018 年 4 月，新华社发布 AR 新闻《习近平总书记的最大爱好是什么?》，"受众只要下载新华社的客户端，使用 'AR 功能' 扫描二代身份证，就可以成功进入 AR 新闻。进入 AR 新闻之后，受众可以选择两个不同的场景，打开声音并通过点击提示按钮进行阅读和交互。"[①] 也就是说，受众在阅读这条新闻时，阅读什么、阅读的深度、阅读的角度、阅读的方式都由受众自己决定。传统媒体时期，媒体掌握着受众对新闻事件和新闻信息了解的模式，媒体让受众"如何看""看多少"，受众就只能看到多少。但是在 AR 新闻中，媒体直接将新闻发生的"现场"通过图片和视频的方式传递给受众，受众则和媒体一样，可以成为新闻现场的"体验"者，他们可以自己来决定采用什么角度去了解新闻信息，也就是说，AR 新闻提供了受众主动参与新闻信息生产的机会，每一位受众都可以在阅读 AR 新闻的过程中，通过不同的浏览方式，生成属于自己的 AR 新闻。由于 AR 技术可支持的是更加丰富的三维层面的交互方式，并且这种方式不再仅限于主动式的交互（点击、滑动）方式，它还包括用户行为的被动触发。所以，AR 新闻阅读的过程中，受众和媒体的互动方式也开始多元化，交互性也从简单的评论留言扩展到直接通过自己的行为触发图片和视频的深度阅读界面，交互程度相较于之前更加深入。

四、AR 新闻的出现对新闻行业发展的意义

AR 新闻出现后，从新闻传播的内容、形式和效果上都对传统的新闻传播模式进行了重构乃至颠覆，这也标志着新技术的出现将导致新闻传播方式出现新变革，而这种变革也必将对媒体和受众之间长久持续的从属、单一信息传递的模式关系进行重构。这也促使新闻业态需要积极应对新型的新闻传播模式带来的机遇和挑战，进行新闻生产和传播环节的变革，以适应 AR 新闻带来的新传播态势。

（1）媒体需要改变新闻报道的视角，从传统的平面视角和二维视角的报道模式向多维视角模式演化，以适应 AR 新闻的信息传递方式，提供给受众全新的阅读体验。（2）新闻媒体对于新闻报道的角度和把控，需要从传统新闻的新闻信息的筛选、整合上逐渐过渡到对于新闻场景和新闻现场"体验"的

---

① 焦旭峰，史竞男 . AR 新闻：习近平的最大爱好 ［EB/OL］，2018-04-23.

筛选和整合上，以便于更好地适应 AR 新闻的传播需要。（3）虽然 AR 新闻传播模式中，受众对新闻报道的参与深度和主动性都大大增加，但是这并不意味着媒体放松在新闻报道中所要履行的职责，相反，媒体还要更加严格地对新闻"场景"进行筛选，对受众进行引导，给受众带来更好的新闻阅读体验。

新闻业的发展，永远是和新科技的发展密切相关的，每次新技术的出现都会给新闻业带来颠覆性的变化。随着科技的发展，未来必将会有更多形态的新闻传播模式出现，对于媒体而言，把握每一种新型的新闻传播模式，了解他们对于传统方式的重构，并积极应对，才能让新闻业态获得更好、更持久的发展。[①]

第三节　AR 技术在电视新闻中的应用

一、AR 技术在电视新闻中运用的意义

电视新闻中 AR 技术的使用，可以分为两类：一类是在新闻中某个特定的地方，辅以 AR 技术加以可视化展示，AR 技术在电视新闻中是零星的出现；另一种则是我们要重点探讨的应用类型，即整条电视新闻节目中，以 AR 技术贯穿始终，有着很深的 AR 技术烙印。

（一）增强现实的表达内容

增强现实的内容应该具备以下三个条件：一是需要与主题有直接或者密切的关系，而非旁枝末节的内容；二是必须是可以用图形图表等计算机语言形象化呈现的内容，而非枯燥的大段文字；三是看不见或听不懂但是又必须解释或演示的重点内容，而非真实画面就能完全表现的内容。

以系列报道《数说香港》为例，新闻节目的名字就很明确地提出了"数说"的概念，那么，使用数字形象化的呈现则是节目采制的原则。在第二集《南上北下融通两地》节目中，约五分钟的节目有近 30 处使用 AR 技术，其中仅有两处和数字无关，也都是和形象化展示相关的内容。在《还看今朝》系列节目中，虽然新闻题目并无"数说"之类的说明，但是不难看出，数字依

---

① 蒋臻 . AR 技术对传统新闻生产方式和传播效果的影响［J］. 新媒体研究，2018，4（24）.

然是 AR 技术使用的主力军。比如，在 2017 年 9 月 17 日第一集《勇立潮头风景"浙"边好》约五分钟的节目中，使用 AR 技术的内容有约 15 处，其中就有 10 处左右和数字相关，剩下的三分之一则是将公园形状、部门内容等形象化和说明性的内容。

在科技报道中，数字可视化和演示说明则都呈现出不可或缺的内容。比如，在《趣解世界最大射电望远镜》中，一分半的新闻节目中使用 AR 技术的地方达到近 10 处，也全部是以数字为核心内容；但是，在《详解"墨子号"的神奇使命》报道中，增强现实的使用起到了动画演示说明的作用。

通过对这几档电视新闻节目的分析比较，我们发现现阶段增强现实的内容可以分为两大类：一类是数字说明，占据了增强现实使用的绝大多数；另一类则是说明、解释，甚至是演示的内容。无论是哪一类内容，明确的命题可以指导思想，让 AR 技术有的放矢。反之，虽然 AR 技术可以在更多内容和段落使用，但是由于缺乏统一思想，则容易出现很多没有必要的 AR 技术的解释说明，显得包装泛滥，甚至干扰核心信息的传播，影响主题思想。

（二）增强现实的传播效果

使用 AR 技术的电视新闻节目，在大屏传播时，可以使电视新闻更形象更立体，让很多看不见的东西能被看见，让很多听不懂的内容能被听懂，使受众能够更好地理解新闻本质的内涵。AR 技术和出镜记者的报道结合起来，可以使整个新闻节目更加生动鲜活，这一形式也更容易被观众接受。比如说，《趣解世界最大射电望远镜》在中央电视台《新闻直播间》栏目首播之后，《共同关注》《中国新闻》等多个频道的不同栏目都纷纷采用重播；《新闻联播》介绍 FAST 的新闻节目中也采用了一段增强现实的内容，给观众带来了眼前一亮的感觉，这种创新对新闻品质以及传播效果的提升都起到了很好的作用。

融媒体时代，新媒体可以使传播方式更灵活，也构架起了媒体与受众双向交流的桥梁，能得到最明确的态度反馈。AR 技术的电视新闻节目，经过简单加工后，在新媒体传播时，也有着得天独厚的优势。流动的节奏、酷炫的特技、通俗的语言、形象的表达，都使增强现实的新闻节目在新媒体中备受关注，在很短的时间内就被大量转载，并形成热点。比如增强现实系列新闻报道《数说香港》，在 2017 年 6 月 26 日至 30 日期间在中央电视台新闻频道《朝闻天下》播出后，就起到了很好的传播效果，得到了各界广泛好评。该系列同时在央视新媒体平台推出，网络播放阅读量超过 1 800 万次，网友纷纷刷屏点赞。

（三）增强现实的可视化表达

与专题片、纪录片等节目不同，电视新闻节目的画面讲究平实，要呈现客观真实的态度。AR 技术的使用，对电视新闻节目的画面也提出了一定的要求。

1. 画面场景的选择

只有与主题内容完全契合的场景，才能给 AR 技术的使用提供一个施展的舞台，给真实画面的躯干增添上增强现实的血肉，这样节目才有自己的魂。

在《数说香港》第二集中，5 分钟新闻包括了闹市、茶馆、水库、超市、厨房、餐厅、广场、商场、街区等 9 个场景，重点段落在水库、餐厅和街区，尤其是水库这一个场景就超过了 1 分钟，在一个场景内就有机地出现了 7 处使用 AR 技术的地方，这样也充分地展现了节目富有创意的设计感。反之，如果是平均用力，则新闻就失去了节奏和主次，也就没有了新闻重点。

不仅仅是场景的时长，其实每一个场景的选择都能看到制作团队用心与否。场景是否和主题密切相关？场景中是否有可以依托的事物？场景中的每一样东西是否和要表达的内容可以有机契合？这些都是需要考虑的内容。挑选好场景之后，如何利用场景内的一事一物来和 AR 技术有机结合，也是制作团队需要研究的内容之一。

场景的选择并非越多越好，而是要有内容中点到的类似事物或者形似的事物，再或者有纵深感的建筑，或者可以大片留白的区域，这样就能为 AR 技术的使用提供有效的平台，从而为所要表达的内容和主题服务。AR 技术的使用，则更要依托场景中的现有事物，找到内容和画面中事物的有机结合点，切忌画面和增强现实动画相分离，巧妙的设计才能为电视新闻的精品化服务。

2. 场景转场的巧妙过渡

由于 AR 技术需要以不同的背景为依托来制作各种图案、图表和动画，所以需要有不同的场景，从一个场景过渡到另一个场景成为必然。这也就涉及现实增强技术使用中的另一个问题，如何在不同的场景之间自然巧妙地过渡转场。

第一种方式，是利用动态和动势转场。和零星点缀 AR 技术的新闻有所不同，以 AR 技术贯穿全片的节目大多采用出镜记者现场报道介绍的方式，所以画面动起来显得至关重要。这里所指的动起来，既可以是记者在画面中走动起来，也可以是记者不动而画面运动起来。第二种方式，通过同一事物或者具有强烈关联性的事物实现转场。画面语言编辑中，同一事物往往会在观众的视觉上形成逻辑连贯，从而接受整个场景的转换。第三种方式，则是利用画面特技结合场景中的实物进行转场。

以上三种方式，都可以有效地实现增强现实大量的电视新闻节目的场景转换。往往一条新闻中，并非单一使用某一种方式，而是三种方式结合起来使用，才会更加自然。但是，有些电视新闻场景的转换非常生硬，致使整个新闻传播的效果大打折扣。

（四）对新闻原则的遵循

AR 虽然部分地拓展了电视视觉语言，但它毕竟是一种技术手段，如果不能将其与传播内容有效融合，电视制作中的 AR 终究是一种辅助方式而不能长久发展。在 AR 技术出现并初步使用的过程中，已有研究学者根据增强现实在电视节目中的应用进行分析，指出了潜在的问题。对电视新闻节目而言，不仅有着同样的问题，由于电视新闻本身的特殊性，还面临着一些必须考虑的新问题。

电视新闻是以现代电子技术为传播手段，以声音、画面为传播符号，对新近发生或正在发生发现的事实的报道。从定义就能看出，电视新闻具备的两个非常重要的本质属性，一个是时效性，是新近或者正在发生的；另一个是事实的报道，也就是真实性。AR 技术的使用，必须遵循电视新闻的这两个基本属性。

AR 技术与新闻真实性的矛盾。真实性是新闻的生命，所以增强现实的设计也必须建立在传播客观真实内容的前提下。比如在《趣解世界最大射电望远镜》中，记者依托望远镜本身的圈梁、反射镜面、索网来进行增强现实的动画设计，就不会对传播的内容本身造成干扰。反之，如果摆放设计的人为干预太多，会严重影响到新闻内容本身的传播，甚至让人对新闻内容的真实性产生疑问。

AR 技术与新闻时效性的矛盾。时效性也是新闻重要的属性之一，指的是新闻应该在发生的第一时间传播，才能起到传播的效果和价值。但是 AR 技术的制作过程需要一个相对较长的周期，这就不可避免地存在一定的矛盾。

所以，对于 AR 技术的使用，必须有一定的选择范围，并非所有的电视新闻都可以使用增强现实，也不是所有的电视新闻节目都适合使用增强现实。对于自主策划的主题报道，或提前可以知晓的重大科技报道，都可以选择这一新技术，但是对于突发或者时效性较强的新闻来说，则最好不要选择这一技术。①

---

① 帅俊全. AR 技术在电视新闻报道中的应用 [J]. 中国出版，2018（14）.

二、AR 技术在电视新闻中的应用发展

(一) 转变新闻视角

在新闻报道的传统形式中，新闻的视角通常由新闻机构决定，观众只能从提供的视角中获取信息。然而，随着 AR 技术的引入，新闻报道的视角发生了重大转变。AR 技术可以模拟现场环境，让观众从第一人称视角体验新闻事件，从而提供更丰富、更全面的信息。

首先，AR 技术的应用主要体现在它能够为观众提供多角度的视觉体验。例如，通过 AR 技术，新闻机构可以创建三维模型，使观众可以在自己的环境中从不同的角度观察新闻事件。观众可以近距离观察模型的细节，或者从远处观察模型的整体，从而获得更全面的信息。

其次，AR 技术也可以让观众体验到更真实的新闻现场。通过模拟现场环境，AR 技术可以让观众从第一人称视角体验新闻事件，增强了新闻报道的现场感和真实感。这种第一人称的新闻体验可以使观众更深入地理解新闻事件，更好地理解新闻事件的背景和影响。

再次，AR 技术还可以通过提供互动的新闻体验，进一步转变新闻的视角。例如，新闻机构可以利用 AR 技术创建互动的新闻故事，让观众通过手势或移动设备与新闻内容互动。这种互动的新闻体验可以使观众更深入地参与到新闻报道中，进一步改变他们对新闻的视角。

AR 技术通过提供多角度的视觉体验、真实的新闻现场体验，以及互动的新闻体验，极大地转变了新闻的视角。这种新的新闻视角不仅为观众提供了更丰富、更全面的信息，也为新闻机构提供了新的报道方式。

(二) 实现新闻话语的年轻化

首先，随着科技的进步和社会的变化，年轻人已经成为新闻报道的重要观众群体。然而，传统的新闻报道形式往往无法满足他们对新闻的需求，这使新闻话语的年轻化成为新闻报道必须关注的问题。在这一背景下，AR 技术的应用可以使新闻报道更加吸引年轻观众，通过创新性和互动性的形式，更加符合年轻人的审美和接受方式。

其次，AR 技术还可以使新闻报道更符合年轻人的接受方式。年轻人是数字时代的产物，他们习惯于使用手机和电脑获取信息，AR 技术的应用可以使新闻报道更好地适应这种改变。例如，通过 AR 技术，新闻机构可以创建移动

新闻应用，让年轻观众可以在任何地方、任何时候通过手机获取新闻信息，这种新闻获取方式更符合年轻人的生活习惯。

（三）提高新闻报道的交互性

在信息时代，新闻报道的形式和方式正在发生深刻的变化。其中，交互性成为新闻报道必须考虑的重要因素。AR 技术，作为一种前沿的科技手段，提供了一种新颖且高效的方式，能够显著地提升新闻报道的交互性，使观众能够更深入、更主动地参与到新闻的消费过程中。

首先，AR 技术能够让新闻报道的消费者通过移动设备与新闻内容进行互动。在传统的新闻报道中，信息的传递主要是单向的，观众大多是被动接收新闻信息。而 AR 技术的应用则能够改变这一现状。例如，新闻机构可以使用 AR 技术创建虚拟新闻环境，让观众通过移动设备在虚拟环境中互动，如通过触摸屏幕操作虚拟物体，从而使观众能够更加主动地参与到新闻的获取过程中，增加了新闻报道的互动性和吸引力。

其次，AR 技术可以让观众在虚拟环境中探索新闻事件。例如，观众可以在虚拟环境中自由移动，从多个角度查看新闻事件，这样不仅能让观众从不同的视角理解新闻事件，也能让观众更深入地了解新闻事件的背景和细节。此外，AR 技术还可以让观众通过互动参与到新闻事件的分析和讨论中，如通过在虚拟环境中添加评论和观点，从而提高新闻报道的参与性和深度。

最后，AR 技术的应用能够为新闻报道提供更多元化的交互方式。除了上述的触摸屏幕和虚拟环境探索外，AR 技术还可以让观众通过语音指令、手势操作等多种方式与新闻内容进行互动，这种丰富的交互方式能够满足不同观众的需求，提高新闻报道的吸引力和满意度。

（四）加深观众的理解与感受

AR 技术的应用正在深刻地改变新闻业，尤其是在新闻报道的表达方式和观众理解新闻的方式上。通过 AR 技术，新闻报道可以提供更多的视觉和感官信息，使观众能够以更深入的方式理解新闻内容。

首先，AR 技术可以使新闻报道提供更多的感官信息。除了视觉信息外，AR 技术还可以通过声音、触觉等感官元素增强新闻的表现力。例如，新闻报道可以使用 AR 技术来模拟新闻事件的声音环境，让观众在听觉上也能感受到新闻事件的氛围和情感。这种多感官的新闻体验能够让观众更加身临其境，从而提高他们对新闻内容的理解和感受。

其次，AR 技术还可以提供更个性化的新闻体验。通过 AR 技术，新闻报道可以根据每个观众的需求和喜好提供定制化的新闻体验。例如，观众可以通过AR技术选择他们感兴趣的新闻主题，或者在新闻报道中添加自己的注释和评论。这种个性化的新闻体验不仅能够增加观众的参与感，也能够帮助他们更深入地理解和感受新闻内容。此外，利用AR技术演示手段，将新闻数据更加直观逼真地进行可视化呈现，这是一种极具信息展示张力的虚拟化视觉数据呈现方式，可以借助线条、形状、色彩、动作等诸多设计元素，并通过重复叠加、虚实对比、色彩渐变等艺术化加工手段，更加优雅地展现新闻的视觉魅力，从而提高新闻数据信息的视觉感染力，从理解性和情感性上都使新闻受众能够更加贴切地融入新闻审美中。

（五）提高新闻报道者的技术水平

随着AR（增强现实）技术在新闻报道中的广泛应用，新闻报道者的技术水平也因此得到了显著提升。AR技术的应用，不仅改变了新闻报道的形式和内容，同时也对新闻报道者的技术能力提出了更高的要求。

首先，新闻报道者需要掌握AR技术的基本原理和操作方式。AR技术通过在现实世界中添加虚拟元素，使得新闻报道以更生动、直观的方式展示信息。为了能够有效地使用AR技术，新闻报道者需要理解AR技术的工作原理，包括图像识别、定位和跟踪等核心技术。同时，新闻报道者还需要学习如何使用AR软件和工具，包括3D建模、动画制作和交互设计等。

其次，新闻报道者需要学习如何在新闻报道中融合AR技术。这需要新闻报道者有深厚的新闻知识和良好的创新思维。新闻报道者需要考虑如何在保证新闻真实性和客观性的基础上，运用AR技术提高新闻的吸引力和传播效果。例如，新闻报道者可以通过AR技术将复杂的数据以图形或动画的形式呈现出来，使观众更容易理解和接受。

再次，新闻报道者还需要具备良好的团队协作能力和项目管理能力。与传统的新闻报道相比，AR新闻报道通常需要更多的人力和时间投入，涉及多个专业领域的合作。新闻报道者需要与设计师、程序员、编辑等多个角色进行协作，共同完成AR新闻报道的制作。这需要新闻报道者有强大的团队协作能力以及在项目计划、进度管理、资源协调等方面的专业技能。

第四节　VR 新闻的挑战及对传统新闻传播的补偿

一、VR 新闻的挑战

（一）VR 人才稀缺

传统的媒体人在新媒体的环境下积极做出尝试，实现媒介之间的融合，目前已经有一定改变。但是 VR 新闻对于媒体人提出了更高的要求，不再是简单的掌握采、编、播的技能，更需要熟练掌握 VR 技术并熟练使用 VR 设备，目前来看具备这些素质的媒体人相当匮乏。

现有的 VR 新闻多是和一些 VR 团队合作而成，媒体人队伍中精通 VR 技术的较少。一个行业要想发展，必须有优秀的人才来领队，专业人才的缺失必然会影响 VR 新闻的发展，这也是目前 VR 新闻面临的巨大挑战。

（二）选题内容有限

不论是什么时代，"内容为王"的原则永不过时。因此，即便有了 VR 技术，也需要对内容的选择进行严格把关。优质的内容远比技术更稀缺，内容应该成为技术的灵魂，只有内容和技术很好地结合才能相得益彰。鉴于 VR 新闻中呈现的新闻现场是时空交错的，因此，更多适用于深度报道、调查性报道和新闻纪录片中。

对于一些常规报道，若盲目地追求体验感而使用 VR 技术，无疑会增加新闻制作的成本。但同时，在一些灾难新闻发生时，使用 VR 技术将事故现场的惨状真实地还原给受众是否真的适合，以及牵涉的数字时代人的隐私问题，这都是在新闻伦理范畴中不得不考虑的重要问题。

（三）制作成本高，设备普及率低

运用 VR 技术拍摄的新闻强调"沉浸感"，这比传统新闻传播方式需要更高的技术和大量的资金支持。剪辑难度大、制作周期长、生产成本高，这都是对 VR 新闻能否进入常态化的生产模式的挑战。而且由于 VR 新闻制作周期长，在新闻时效性上也会大打折扣。

另外，目前 VR 设备普及率不高，购买过各种虚拟现实设备的用户不多，而用 VR 设备来观看新闻的人更少，可见，VR 新闻的受众面还是比较窄的。这也不难解释，因为 VR 技术最初就运用在游戏领域，现在也发展得比较好，比如电影《头号玩家》就是对未来游戏社交的幻想。因此，这也成为制约 VR 新闻发展的一个重要因素。

（四）加剧"拟态环境"

"拟态环境"，即大众传播并不是对客观环境的镜子式的再现，而是经过选择和加工，重新加以结构化后向人们所呈现的环境。而 VR 新闻在制作时也是经过了记者、编辑的加工呈现给受众的产物，并不是完全的客观现实。因此，VR 新闻中的场景越真实，越不容易让人们感受到制作者对信息的控制，对人们辨认信息的难度越大。

VR 新闻的深度沉浸感，让人分不清虚拟与现实，它所构建出的虚拟环境也会影响人们对客观世界的认知，长此以往，人们会降低对客观世界的判断能力和理性思考的能力，产生认知偏差和行为偏差的可能性提高。

二、VR 技术对传统新闻传播的补偿

补偿性媒介理论认为：任何一种媒介，都是一种补救措施，都是对过去某一种媒介功能的补救和补偿。换句话说，媒介的演进是沿着不完美到完美的人性化趋势进行的，新出现的媒介将对已有媒介的不足进行完善与补充。例如，电报通信的抽象代码被电话中的人声所取代，黑白摄影被彩色所取代等。简而言之，随着每一种媒介的发展，我们最终试图复制面对面交流的条件，同时超越时间和空间的界限。

VR 新闻就是利用 VR 技术将新闻现场的三维空间通过全景镜头拍摄并利用模型构建出来，受众通过特定头戴设备可以产生身临其境之感，极大地调动了受众的视觉、听觉甚至嗅觉、触觉等。VR 技术的出现对传统新闻传播在新闻生产方式、新闻呈现方式以及用户体验感上都有了极大的补偿。

（一）新闻生产多元化

传统的新闻制作大多是通过文字、图片、视频等形式还原事件真相，可以利用的形式较少，而 VR 技术作为一项"补偿性媒介"出现后，便对以往的新闻生产方式产生了变革。VR 技术作为一种全新的新闻叙事媒介，打破了以往固化的叙事方式，通过重新包装、加工、演绎新闻素材，力求真实地再现新闻现场，更加注重新闻题材的视觉效果以及观赏性，打破了以往新闻媒介的中介角色，使受众以第一视角目睹新闻事件的始末。

（二）新闻呈现立体化

传统的新闻报道呈现方式无外乎是文字、图片、声音，新媒体出现后，呈现方式更加多样化，但依然停留在一维或二维的平面传播。VR 技术出现后新闻呈现方式变得立体化，实现了从二维空间到三维空间的转变，不再局限于对新闻事实的简单描述，而是通过 360° 的全景镜头多角度、全方位地展现新闻内容，扩大了新闻表现视角。传统的新闻呈现方式在 VR 技术的作用下得到了较好的补偿，更加贴近人的需求，使新闻报道尽可能全面、真实、客观地呈现在受众视野中。

（三）用户深度沉浸感

媒介即人的延伸，VR 技术无疑在视觉、听觉、触觉等方方面面对人进行全方位的延伸。传统的新闻报道模式无外乎"我播你看"，受众只能被动地选择接受，没有自主权。新媒体出现之后，这种情况被改变了，新媒体的交互性让每个人都可以自由地选择新闻，而 VR 技术在此基础上做出了进一步的补偿。利用 VR 技术对新闻事件进行 360° 的还原，用户通过佩戴 VR 眼镜可以置身其中自主去探索、去体验，以第一视角观察事件现场，突破了空间的限制。

受众从以往的被告知变为去发现，这种深度沉浸感所带来的震撼性和冲击力是传统新闻报道中的文字和图片难以望其项背的。以《纽约时报》的 VR 新闻片《流离失所》为例，通过 VR 技术，受众可以以第一视角看到难民儿童惨不忍睹的生活，使受众身陷其中，强烈地唤起受众的情感共鸣。①

第五节　VR 技术在新闻传播领域的应用

一、VR 技术在新闻传播中的优势

（一）改变二维的新闻生产方式

在传统的新闻报道中，新闻生产方式多少都会带有记者的主观性，会有意无意地遗漏和丢失一些细节，以至于无法客观展现事实。而 VR 在新闻传播领

---

① 周文杰，王瑜. VR 技术对传统新闻传播的补偿性解读 [J]. 科技传播，2018，10 (16).

域的应用，将会彻底改变传统的新闻报道方式，传播媒介通过 VR 给予受众一个场景，可以使受众身临其境地去了解新闻事实，挖掘新闻信息，使新闻报道效果得到最大程度的体现，一定程度上避免了新闻失实和记者的主观思维偏差。

比如在《叙利亚旅行》报道中，"受众"可以通过 VR "亲临"叙利亚，亲身体验叙利亚的街景和人文风情，感受叙利亚当地的氛围。这种全方位的立体报道是传统媒介无法实现的。

（二）刷新受众的感官体验

在传统的新闻报道中，受众处在被动接收状态，但是在目前全新的网络传播模式的冲击下，受众不再是一味地全盘接收新闻，也开始拥有了选择信息的权利，甚至拥有发布信息的权利。VR 的出现更是改变了受众的被动地位，颠覆了传统新闻理论中关于受众只能被动接受的"子弹论"观点。"宣传主导型"的新闻报道将为"体验主导型"的新闻报道所取代，让受众在接受新闻时既有广度又有深度。

VR 还原了新闻现场，带给受众具有冲击力和震撼力的感官体验，一旦受众接触这种体验，就会产生依赖和习惯，产生新的认知。因此，VR 走进人们的生活，最终会使受众养成新的视听习惯。

（三）提升新闻传播的效果

VR 的重点特征可以归纳为 3I，即 immersion（沉浸）、interaction（交互）、imagination（想象）。这三点强调将受众置于一个现实感极强的媒体环境中，从而使受众对媒体传播内容形成共鸣，从而达到更好的传播效果，扩大新闻传播的影响力。

戛纳创意节的获奖作品之一——*The Displaced*，这个 VR 新闻作品讲述了发生在三位叙利亚难民儿童身上的故事。在这个 VR 新闻中，一抬头就能看见天上呼啸而过的救援机，一低头就能看见自己的家园满是废墟，面黄肌瘦的孩子坐在残砖废瓦中露出天真的微笑，山河的破败与孩子无知的童真形成鲜明的对比，仿佛能感觉到直升机从头顶上飞过，闻到空气中刺鼻的粉尘气。许多人在看完这个 VR 新闻后，摘下 VR 眼镜陷入沉思或者泪流满面，这种感受力是任何媒介都做不到的。

（四）强化媒体公信力

VR 全景新闻的出现，事实上塑造的是新闻传播媒介的公信力，新闻机构搭载这个渠道报道新闻，对新闻内容加以还原性的佐证，甚至不加评论让受众充当"记者"的角色，深入事发现场自己去提炼关键点，评判是非曲直。这在很大程度上增强了新闻传播媒介的公信力。[①]

二、VR 技术在新闻传播领域的应用特征

（一）可以强化新闻体验效果

将 VR 技术应用于新闻传播领域中，较为显著的特征便是以计算机技术为载体，为受众提供虚拟环境或虚拟世界，使观众可以获取不同的感受与体验。通常情况下，主要以头盔或者眼镜为穿戴设备，使 VR 技术能够契合新闻传播模式，让观众即使没有到达新闻现场，也能够在身临其境中感受到新闻播报现场的情境，使受众更加了解新闻传播，拉近了受众与新闻的距离。

在传统的新闻播报中，往往会采用印刷与文字等方式的介入，在一定程度上拓展并延伸了人们的视觉能力；而针对广播新闻传播形式来说，则是拓展了人们的听觉能力；后来电视媒体的出现，实现了拓展并延伸人们听觉、视觉与触觉的感官体验。

而 VR 技术的有效应用，更是提升了人们触觉、听觉以及视觉的整体延伸体验与感受，使人们能够直观地感受新闻所带来的播报形式，并使受众身临其境般地投入新闻播报中。对原始的新闻播报而言，绝大多数的记者难以全面地将新闻报道出来，经常会遗漏掉一些细节，并影响整体的新闻报道效果。

但是应用 VR 技术之后，便能够还原新闻播报的实际场景，使受众能够根据自身的直观感受与亲眼所见进行客观分析，在 VR 技术的新闻播报中可以攫取到更多的信息，不仅能够强化新闻播报的整体效果，并且对推动新闻传播的发展意义重大。

（二）打造立体式新闻传播方式

针对原始的新闻报道形式而言，主要以二维报道为基本形式，凭借视频影音、文字图片等技术方式进行深度加工，进而实现对新闻事件的相关报道。时代不断更迭，受众已经对这种司空见惯的新闻报道形式产生"免疫力"，严重缺少新鲜感。

故而，新闻传播领域若想突破传统模式的束缚，便可以采用 VR 技术，为

---

① 马耀庭，焦若薇 . VR 技术应用在新闻传播中的优势和挑战 ［J］. 视听，2018（6）.

受众打造三维立体的新闻传播形式，使观众能够身临其境地感知新闻发生的整体脉络，让受众的耳朵、眼睛以及其他感官等都能紧跟新闻报道，以另一个角度全面地感知新闻发生的过程。

将 VR 技术运用到实际的新闻报道中，可以避免新闻报道的中间人对报道的"装饰"，使观众直观地了解新闻的实际情况，并能够进一步吸引受众的眼睛，使观众主动关注事件发生的具体情况。运用 VR 技术进行三维立体新闻报道，不是纯粹地运用图片文字报道新闻内容，而是使受众能够深入新闻发生的现场中，直观地感受并真切地体会新闻发生的过程，增加新闻报道的生动性与趣味性，促使更多的受众关注新闻报道。

（三）可以增加新闻传播与受众的互动与反馈

针对我国现阶段的媒体发展来说，受众是媒体最为关注的对象，诸多媒体节目总是将受众放于核心位置，根据受众的口味与喜好设计并规划相关内容，这已然成为当前阶段我国媒体追求的首要内容。在实际的新闻报道中，有效地融入 VR 技术，一方面可以使受众及时获取更多真实的新闻信息，另一方面能够使新闻传播部门获取受众的直观反馈，实现新闻传播者与受众之间的良性互动。

当受众观看与阅读新闻之后，可以将自己的直观感受以及真实反馈传达到新闻传播部门，使传播部门及时地了解受众的真实想法和真实反应，形成良性互动氛围，进而为新闻的传播夯实基础。[①]

三、VR 技术在新闻传播领域的具体应用要点

为了体现 VR 技术在新闻传播领域的应用价值，需掌握 VR 技术在其中的具体应用要点。总结起来，具体应用要点包括以下几点。

（一）与 H5 技术的融合应用要点

在新闻传播行业领域，不同的传播方式均具备自身的优势与缺陷。传统模式下，主要以受众的需求为依据，将新闻内容分成不同的模块，在此情况下，受众接收的新闻信息存在固定的特点，缺乏创新，真实信息量少，难以有效地满足受众群体。以典型传统媒体——报纸为例，每期报刊中的新闻内容存在广而多的特点，但是报纸新闻内容冗长，难以抓住受众的眼球，进而难以获得高

---

① 杨博涵. VR 技术在新闻传播领域的应用［J］. 科技传播，2018（13）.

效的传播效果。

面对上述情况，有必要重视 VR 新闻的开发，并重视超级文本标记语言（H5）技术与 VR 技术的融合应用。在合理科学地应用 H5 技术的基础上，使新闻传播效果得到有效提高，并确保满足目前受众的阅读需求，并增强 VR 新闻的吸引力等。以"人民大会堂全景巡游"VR 新闻播报为例，新浪网通过 H5 技术的融合应用及全景图片的应用，将人民大会堂、金色大厅以及记者席等各种不同场景逐一真实还原展示出来，使受众对人民大会堂的布置情况有清晰的了解。并且，在 H5 技术的融合应用下，能够将虚拟卡通人物放在相对应的位置上，对于受众来说，能够结合自身的实际需求，选取适宜的视角，点击其中的知识点图标，加深了解"两会"相关的新闻信息、背景资料等。

（二）与 AR 技术的融合应用要点

增强现实（AR）技术，指的是一类能够实时计算摄影机摄像位置、角度，然后将相对应的图像添加上的新兴技术。此项技术可以无缝集成真实世界信息与虚拟世界信息。从此项技术的实现目标层面分析，即通过屏幕，将虚拟世界信息套用在现实世界中，然后以信息为核心，使受众与虚拟现实世界中信息之间的活动得到有效增强。在传统媒体中，比如传统报纸媒体，通过 VR 技术与 AR 技术的融合应用，可了解局部的真相，使受众在报纸媒体中的体验感得到有效增强。同时，在 AR 技术与 VR 技术融合应用条件下，能够深度地整合浅层叙事信息和数字化信息，而对于受众来说，可以在宏观视角之下，积极探索新闻事件原本真实的面貌，赋予传统媒体全新的功能，提升新闻信息集合效果。以新华社 App 为例，在"政府工作报告中的民生福利"中，对两会新闻报告，利用了移动端 AR 技术，在首页中增加了"小新机器人"选项，用户可利用 AR 技术进行身份证背面扫描，然后通过科技感十足的形式，阅览政府工作报告。由此可见，新闻传播 VR 技术与 AR 技术的融合应用，增强了新闻传播的科技感，可使受众在新闻虚拟现实场景中的体验感增强，并使新闻传播效果得到有效提升。因此，需要重视 VR 技术与 AR 技术的融合应用，使新闻交互效果得以强化。

（三）与直播技术的融合应用要点

在网络信息时代背景下，随着现代科学技术的不断进步与发展，加上智能手机的普及应用，直播行业日益火爆。比如，抖音、快手等直播平台，不但可以进行直播带货，还可以进行直播互动交流。而从新闻传统行业领域角度来看，新闻直播也是一大发展趋势。为了促进新闻直播发展，在应用 VR 技术的基础上，有必要重视其与直播技术的融合应用。从 VR 直播新闻层面分析，能够使新闻媒体突破传统媒体在时间、空间方面的限制，使新闻信息传播的及时性得到最大程度的保证，让受众能够第一时间获取新闻信息，并在直播过程中进行实时活动交流。而从新闻 VR 与直播技术融合应用价值作用提升角度考虑，则需要掌握 VR 技术与优质直播新闻内容深度融合的技巧方法，同时，充分把控 VR 新闻与直播技术之间的内在关联性，使新闻传播价值得到全面提升。①

① 杜朋. VR 技术在新闻传播领域的应用研究 [J]. 中国市场，2022（28）.

第四章　融媒体与新闻传播分析

在信息技术迅速发展的融媒体时代，网络媒体和数字媒体逐渐变成新闻传播媒介的主要组成部分。随着媒介形态的变化，信息接收和传播方式都产生了前所未有的改变。在融媒体时代，新闻传播要适应新形势新任务的要求，创新传播内容、手段和话语方式，实现新闻传播效果的最大化，推动新闻传播事业的长足发展。

第一节　融媒体概述

一、融媒体的定义

融媒介顾名思义就是媒介的融合，是指在现有的媒介基础上结合了其他媒介和技术的新媒介形式。融媒介是信息技术发展到一定程度的产物，具有很强的融合性和创新性。在融媒介中，不仅保留了原有媒介的优点，而且结合了其他媒介的独特元素，从而促生了更多的传播形式和媒介内容，丰富了整个广播电视新闻行业，促进了行业的发展。在融媒介中，不仅传播方式有很大的变化，而且在功能和内容上也有了长足的发展和进步。因此，在融媒体的环境下进行广播电视新闻行业的发展是非常科学合理的。①

---

① 訾敬晓. 融媒体环境下广播电视新闻编辑的相关研究 [J]. 传播力研究，2021，5 (26).

二、融媒体的基本特征

（一）传输载体互联网化

媒体融合的诱发因素很多，但最根本的是互联网的发展。目前，所有传播载体均向网络化演进。报纸、杂志、电视、手机、平板电脑，甚至车载导航仪、游戏机等，几乎所有终端设备都把"接入互联网"作为默认功能属性，为用户随时随地联网获取所需内容提供技术支持，互联网成为传统媒体和新媒体共同的主要传播载体，网络的交互性、即时性等特质因而成为媒体融合的典型特征。不止新媒体如此，诸如电视这样的传统媒体也可以通过高速互联网实现电视内容的搜索、点播和时移播出。

（二）新旧媒体交叉渗透

数字技术统一了文字、图片、音视频等内容的传播格式，网络技术使得媒体的传播载体趋同，原本泾渭分明的电波媒体和网络媒体的边界变得模糊，彼此不断交叉渗透，取长补短，共生共融，甚至连报纸、杂志等平面媒体也通过客户端为读者提供视频内容。新旧媒体的交叉渗透主要体现在两个方面：一是内容的相互调用，数字化编码的内容可以在不同媒体间无障碍传播。比如，电视剧在视频网站与电视台同步或异时播出，而优质网络的内容资源也越来越多地被电视频道所采用。二是传播形态的融合。跨媒体、跨终端已成常态，电子杂志、在线报纸、网络广播、网络电视等都是新旧媒体不断交叉渗透的产物，它们兼具两种或多种媒介传播形态的优势，充分考虑了内容消费者的需求和使用偏好。

（三）传播功能全媒体化

媒体传播功能的全媒体化是不同媒体深度融合的必然结果，这突出表现为有线电视网络的全媒体化、互联网的全媒体化以及所有媒体机构开展全媒体业务。因此，媒体在融合的同时，进入了大竞争阶段。音视频节目服务已不再只是各电台之间、各电视台之间的竞争，而且是各门户网站、音视频网站、通讯社、杂志、报纸等共同竞争的场域。平面媒体与电子媒体的互相进入和媒介形态的转换，形成了超媒体，开启了对受众眼球的空前争夺，传统的广播电视管理体制和管理办法在媒体融合时代已捉襟见肘，亟待改革。

(四) 产品形态视频化

在媒体深度融合阶段，媒体产品形态趋于视频化。仅从信息的表达形式来看，视频原本就是表达的最高级别，视频化的内容对用户而言，体验友好、信息量大、具象直观、代入感强，最具表现力和信息冲击力，而用户原创内容 (user generated content, UGC) 更是极大满足了用户表现自我、即时即兴分享互动的需求，对用户有着极大的吸引力。近年来，视频本身也随着技术的升级而不断丰富其表达形式，从高清到超高清，从 3D 到裸眼 3D，从虚拟现实到现实增强，等等，收看体验和播放效果的优化更是让视频内容牢牢抓住了用户。未来，越来越多的信息将以视频形式呈现。[1]

三、融媒体的应用领域

融媒体作为一种新型的媒介形态，其应用领域非常广泛，主要有五个方面的应用。①新闻报道。融媒体的最初应用是在新闻报道领域。通过整合文字、图片、音频、视频等多种媒介形式，实现对新闻事件的全面、深入、多角度的报道，同时也提高了报道的及时性和互动性。②广告营销。融媒体可以通过广告平台、社交媒体等渠道，向用户提供个性化的广告营销服务。融媒体广告可以通过图文、视频等多种形式进行呈现，增强广告的传播效果。③教育培训。融媒体可以通过网络教育、在线课程等方式，为用户提供个性化的教育培训服务。利用多媒体技术，可以将知识点进行图文、音频、视频等多种形式进行呈现，提高学习效果。④社交娱乐。融媒体可以通过社交媒体、在线游戏等方式，为用户提供社交和娱乐服务。融媒体的社交和娱乐可以通过文字、图片、音频、视频等多种形式进行呈现，增加用户的娱乐体验。⑤商业服务。融媒体可以通过电子商务、在线支付等方式，为用户提供商业服务。融媒体的商业服务可以通过多种形式进行呈现，增加用户的购物体验。[2]

第二节　融媒体视域下新闻传播的特点和表现

在融媒体时代下，新闻传播的媒介、传播方式和内容呈现形式、受众都发

---

① 史可扬，刘湜. 电视栏目和频道辨析 第 3 版 [M]. 广州中山大学出版社，2022：26.
② 郭海红. 人工智能在融媒体中的应用 [J]. 卫星电视与宽带多媒体，2023 (12).

生了深刻的变化。作为新闻媒体，若想更好地顺应时代发展的潮流，需要全面分析并牢固把握新闻传播特点，充分研究创新资源整合的有效路径，有机融合传统媒介和新媒介，并在此基础上，探索与创新有效方法和路径，为提升新闻传播实效创造良好的条件。

一、融媒体视域下新闻传播的特点

（一）满足多样化的个性需求

融媒体是把广播、电视、报纸等既有共同点、又存在互补性的不同媒体，在人力、内容、宣传等方面进行全面整合，实现"资源通融、内容兼容、宣传互融、利益共融"的一种新型媒体。融媒体是把广播、电视、互联网的优势加以整合，互为利用，使其功能、手段、价值得以全面提升的一种运作模式。因此，今后新闻传播的发展，为了更好地顺应时代的发展，同时最大限度满足受众的新闻需求，必须适应当前融媒体迭代共存性、交互性、碎片化等特征。在传统新闻传播模式下，无论是受众与信息之间，还是不同的传播者之间，两者交流的形式均为单向的，所获取的新闻内容也具有一定的局限性；而随着融媒体时代的来临，新闻传播者和接收者不再是单向交流，两者之间成功搭建起双向沟通的桥梁，在这个过程中，受众的社交需求也越发强烈，表现出较强的新闻需求，同时自身情感表达的欲望也被唤醒，这就导致了受众在新闻传播中的地位日益重要，成为不可或缺的重要组成部分。在融媒体背景下，制作的新闻产品形态多样，能够有效满足不同群体的新闻需求，与受众心理需求相符合，继而强化受众的情感体验，促进新闻服务质量的不断提升。

（二）新闻产品内容更加丰富

在融媒体时代，媒体表现出的最显著特点就是融合发展。在先前的新闻传播媒介中，制约传播的因素比较多；而在科学技术的作用下，媒体之间存在的界限壁垒逐渐被打破，媒体之间能够展开相互融合，从而实现相辅相成、共同促进。在新闻传播领域中，不同类型的新闻传播媒介虽然具有差异性，但是都表现出非常强的独立性和专业性；而在媒介不断融合和发展的趋势下，现阶段各个媒介已经完成了多种类型的融合，形成了越来越多的交流形式，并趋于多元化发展，传播形式也逐渐丰富多样。我们应加强相关人员对各类新兴主流媒体平台的运用能力，集合现代受众群体对不同媒体、公众号的兴趣偏向，从而制作出与时俱进的新闻产品，确保内容的丰富性，拓宽受众面。

（三）传播速度实现质的飞跃

伴随着互联网技术的迅速普及，尤其是移动端互联网技术的广泛应用，为融媒体时代下新闻传播的变化带来了强劲的推力。在当前阶段，新闻以迅雷不及掩耳之势得以传播，现已迈进"读秒"的时代，为更好地适应这个特点，应进一步迅速拓展新闻媒体的影响力。在以往的传统媒体新闻传播中，电视直播作为新闻迅速传播的典型方式，不仅需要数额巨大的投资，而且各项环节繁多复杂，总成本比较高。在融媒体时代，新闻传播可采用"手机+网络"的直播模式，有效降低资金投入，并提高产出效益，对新闻现场进行直播成为一种信手拈来的新闻传播方式。

除了直播，在融媒体时代，瞬时传播是新闻迅速传播另一方面的集中体现，包括短视频、图片、动图、文字等形式，突破了空间和时间的制约，使得可以在非常短的时间，通过多样化的渠道，实现新闻信息的快速传播，从而促进影响力的提高。还应注意的一点是，借助于融媒体中的信息平台，可以获取大量有价值的新闻线索，而且如今已经成为获取新闻线索的主要途径，便于媒体可以第一时间掌握最新新闻信息，并进行双向的互动与沟通。[①]

二、融媒体时代下新闻传播的表现

（一）长尾反应

融媒体时代下，新闻在传播过程中很容易出现诸多反应，长尾反应是由于新闻在传播过程中，很多媒介设备如社交媒体、短视频平台等的起步时间较晚，虽然在市场中相比传统媒体的电视、广播等所占份额较小，但其发展速度较快，在很短的时间内就可以在市场中占据极大的份额，也就是长尾位置，而新闻在传播中也会通过社交媒体、短视频平台等进一步传播，同样的新闻往往会被传播多次，这也加速了各项新兴媒体的发展，且众多电视台都已经开通了属于自己的公众号、微博等社交账号，并获取了大量的粉丝，因此融媒体时代下的新闻传播也获得了一定的发展空间。

（二）窗口反应

融媒体时代，互联网的便利性为新闻的传播带来了很大的便利性，而媒介

① 肖邓华. 融媒体视域下的新闻传播研究［J］. 新闻传播，2023（9）.

融合的发展中，新闻也是一个与外界连通的窗口，受众可以通过这个新闻窗口，了解到外界多方面的信息。新闻与互联网的融合也可以进一步为受众建立纽带，并将更多的新资讯、新消息通过互联网带给受众，让受众可以知道发生在世界各个角落的事情，吸引更多的人关注。而在这个过程中，社会各界的信息，也可以通过便捷高效的传播而激起社会的浪花，由于融媒体时代拓展了新闻的传播途径，新闻的传播速率也更为快捷，因此任何地方的新闻都可以激起波纹，并通过各项新媒体进行扩散，加速了传播速度，同时也可以在传播中造成连锁反应，扩大着新闻的影响力。

（三）叠加反应

新闻传播过程中的叠加反应是新闻最常见的社会性现象之一。融媒体时代，多种媒介之间早已通过互联网形成了一个整体，而新闻在传播过程中则会在这个媒介整体内，获得更多的影响力，并将各个媒介的影响力相互叠加，例如某条新闻发布后，公众号、论坛、微博等共同传播，扩大了涵盖范围，而传统媒体则是扮演着领航者的角色，在各个新兴媒体的传播中增加该新闻的影响，进一步扩散到其他地方，依靠传统媒体本身具备的影响力与公信力，让社会各界更为关注到事件主角，因此这种传播过程中层层叠加的影响力与公信力，也是当前融媒体时代下新闻传播过程的重要表现。①

第三节　融媒体时代的新闻采访与写作技巧

随着融媒体时代的到来，新闻采访与写作技巧也正在发生着转变。在数字化媒体环境下，多样化、全方位的报道方式已经成了新的趋势。因此，新闻工作者需要掌握更加专业的技能，并善于运用各种工具和创新手段，以提供更具吸引力、更严谨可信的新闻内容。因此，在融媒体时代下，新闻工作者需要不断探索新的新闻采访与写作技巧，为新闻工作的开展提供有力支持。

---

① 唐理. 融媒体时代新闻传播的创新与突破［J］. 新闻传播，2023（9）.

一、融媒体时代下新闻记者的采写能力标准

（一）信息整合能力

融媒体时代下，网络中存在着海量信息，这便对于新闻记者的采写能力提出了新要求。新闻记者应当具备较高的信息辨别能力和信息整合能力，在海量的信息中，挑选、整合具有价值的数据信息。当前，新闻传播主体、传播渠道逐渐多样化，新闻内容繁多，其中存在大量不真实信息，且分散性较强，新闻记者撰写内容时，应着重辨别内容的真实性，在遵循真实客观原则的基础上进行新闻写作。

（二）敏锐的洞察力

融媒体时代下的新闻采访需要新闻记者具备敏锐的洞察力。采访过程中，应着重观察采访对象的微表情、神态，从面部变化中提取信息或采取有针对性策略。比如，新闻记者若发现采访对象较为紧张，表情较为僵硬，可以以闲谈的方式使其放松情绪。若采访中发现采访对象表情不自然、神态躲闪，可判断谈话内容真实性存疑，而后进行延伸式追问，提高采访的真实性。同时，在新闻写作中，记者应保持对素材的敏感度，对相关事件进行深入分析，挖掘其中高价值信息，提高新闻内容的品质、内涵。

（三）创新能力

融媒体发展的不断深入对新闻媒体的工作方式产生了较大影响，传统新闻采访模式、写作模式，难以满足受众需求。在此背景下，新闻记者应具备创新能力，结合融媒体时代下新闻传播的特征，对新闻采访、新闻写作等内容进行创新，顺应时代发展趋势，加强自主学习，最大限度提高新闻报道内容对受众的吸引力，充分发挥新闻价值。①

二、融媒体时代下新闻采访与写作技巧创新的必要性

随着互联网的快速发展和社交媒体的普及，新闻传播已经从传统的报纸、电视和广播媒体向数字化和多平台转型。在此背景下，新闻采访与写作技巧的创新已经成为必然的选择。

---

① 智幸花．对新闻采访与写作技巧的创新思考［J］．记者摇篮，2023（8）．

首先，随着社交媒体的流行，在线平台上的信息量不断增加，但其中大部分都是低质量、没有价值甚至是虚假的信息。因此，传统的采访和写作方式已经不能满足读者对真实、准确和有价值新闻的需求。在这种情况下，新闻媒体需要通过创新采访和写作技巧，加强新闻报道的可信度和权威性，以便吸引更多读者。

其次，新闻采访与写作技巧的创新能够提高新闻报道的效率。在传统的新闻报道中，新闻工作者需要去现场采访，然后回到编辑室写稿。但在数字化时代，新闻工作者可以使用在线采访工具、社交媒体和其他数字化工具，更快地获取信息和采访对象的观点。同时，数字化工具还可以帮助新闻工作者更好地管理和组织大量的信息，并更快、更准确地写出新闻报道。

再次，新闻采访与写作技巧的创新能够增强新闻媒体的品牌影响力。在数字化时代，新闻报道不再是一次性事件，而是一个连续的过程。通过在社交媒体上发布更多有价值的报道和深度分析，新闻媒体可以吸引更多的读者并建立自己的品牌形象。同时，通过在数字化平台上使用更多的多媒体元素，如视频、图片和音频，新闻媒体可以增强报道的可视化效果，从而更好地吸引读者的关注。

最后，新闻采访与写作技巧的创新有助于新闻行业的可持续发展。随着传统媒体的竞争加剧和经济压力的增加，新闻媒体需要寻求创新的方式来降低成本并提高效率。通过数字化技术和创新的采访与写作技巧，新闻媒体可以更好地满足读者需求，提高品牌影响力，减少成本并增加收入来源，从而推进新闻行业的可持续发展。

总之，融媒体时代下，新闻采访与写作技巧的创新是非常重要且必要的，新闻工作者需要不断创新新闻采访与写作技巧来提高效率、增强品牌影响力、促进新闻行业的可持续发展。

三、融媒体时代新闻采访与写作工作面临的机遇与挑战

随着互联网技术的飞速发展，融媒体时代已经来临，这种新的媒介形态也让新闻采访与写作面临全新的挑战和机遇。

（一）融媒体时代下新闻采访与写作工作面临的机遇

首先，多元化的传播渠道。融媒体时代的到来，将电视、广播、报纸、网络等多个传媒平台整合起来，为新闻采访与写作提供了更多元化的传播渠道。这样的多元化传播方式，不仅让受众可以在不同的媒介上接受同一条消息，同

时也为新闻工作者提供了多样的宣传方式，使得其采访与报道的效果更加明显。例如，可以通过微博、微信、抖音等新兴的社交媒体进行新闻宣传，吸引更多人关注新闻事件。

其次，高质量的专业内容。新闻媒体需要扩大版权内容提供商的阵容并继续发挥其紧密联系、广泛涵盖以及高质量的专业内容优势，这是融媒体时代为新闻业带来的巨大机遇。由于传媒平台的多元化，新闻工作者可以选择更加个性化的报道方式，提供更加深入、详细和精准的新闻信息，从而能够更好地满足受众的需求，提高社会影响力。

最后，实现新闻场景化。随着 VR 技术、智能家居、物联网等新技术的迅猛发展，新闻内容也可以更立体、更情景化地呈现，这为新闻采访与写作提供了机遇。例如，通过 AR 技术可以在新闻报道中添加虚拟的元素，将新闻场景直接呈现给读者或观众，增强其真实感和参与感，提高阅读与观看效果，进一步拉近媒体与受众之间的距离。

（二）融媒体时代下新闻采访与写作工作面临的挑战

一方面，多媒介采访难度加大。在融媒体时代，新闻工作者需要在不同平台下进行多媒介的编辑和排版工作，这为采访与写作带来了难度和压力。此外，在不同平台上所采用的语言和风格也需要做出相应的调整和变化，以满足不同读者的需求。对于新闻工作者来说，必须具备运用多种媒介进行信息传递的能力，以应对这种多样化的传播形式。

另一方面，面临技术难题。在融媒体时代，互联网技术的创新使得新闻采访与写作面临更多的技术挑战。例如，虚假新闻、垃圾信息大量涌现，阅读量和阅读时长的下降等都给新闻传播带来了巨大的压力。只有新闻工作者积极探索新技术，学习并应用它们，才能够在激烈的竞争中占据优势。

总之，融媒体时代下，新闻采访与写作的机遇与挑战并存。只有当新闻工作者对技术、传播形式等方面进行深入思考和学习，并且不断创新，才能够为传媒行业的发展做出积极的贡献。①

---

① 肖建斌. 融媒体时代新闻采访与写作技巧的创新路径［J］. 卫星电视与宽带多媒体，2023 (17).

四、融媒体背景下创新新闻采访技巧的方式

（一）提升采访深度

在融媒体背景下，对新闻采访工作加以创新，最为首要的就是需要重点突出采访的意义，确保通过更加具有深度的采访工作，深入探究新闻事件背后的前因后果，将新闻事件背后的社会现象更加清晰直观地展现在大众面前，才能够促使新闻工作发挥其应有的价值。基于这样的要求，创新新闻采访技巧需要新闻记者在采访中能够以更具深度的提问方式开展访谈工作。在新闻采访中，提问技巧是记者的基础能力要求。面对面采访普通群众，记者需要意识到大多数人缺乏接受镜头采访的经验，在采访中很可能会出现紧张情绪，无法顺利完成采访工作，在紧张激动的情绪影响下，被访者可能会出现语无伦次或是表达不畅的情况。因此，需要记者注意对提问技巧的合理运用，在访谈中营造更加轻松愉悦的氛围，避免开展过于生硬刻板的访谈。可抛出具有引导性的问题，侧面引导被访者对新闻事件加以回忆，从而引出新闻事件的线索。要想明确新闻事件的重点内容，需要记者在开展采访工作之前对有关新闻事件加以了解，从而通过深究细问，对事件发生情况加以梳理，并将新闻完整还原呈现在大众眼前。

首先，在采访过程中，需要记者做好充足的准备工作，以自身敏锐的直觉以及判断力对新闻加以界定，随后通过对相关素材的整合，对新闻采访方向进行定位，从而在采访中始终围绕一个话题加以讨论。例如，在采访过程中完成报道所需的实际素材、涉及的行业知识，对问题加以设计时，需要按照一定逻辑合理安排，采访活动仅仅是一个工具，最终的采访效果才是新闻采访的最终目标。

其次，在采访过程中，需要记者注意被访者的情绪以及心态变化，根据不同阶段采取差异性的提问方式，包括简单的询问、反问、追问等，确保在合适的时机完成对问题的挖掘，确保深度挖掘新闻背后的价值。在采访中，要求新闻记者注意对语言加以调整，在温和的对话中通过一针见血的问题出其不意地完成采访，既能够保障被访者处于放松状态，也能够获得想要的采访结果。在采访中，要注重语言的深度，大多数被访者的语言组织能力相对较差，这就需要记者能够以清晰的思路，对被访者给出的回答加以优化整合，始终围绕新闻主旨开展相应的深层追问以及挖掘。

（二）保持客观真实

新闻媒体的作用是将社会中发生的各类资讯内容直观、真实地向大众反馈，促使大众能够更好地了解社会事实，掌握民生发展，因此新闻媒体主要服务于大众。无论新闻稿件最终是否能够形成更加充实或新颖的内容，都需要注意保障新闻的真实性。尤其是主流新闻媒体肩负着社会舆论的引导作用，在采访过程中更是需要保障新闻的真实性。在采访中，要求记者始终秉持着客观视角对新闻事件加以解读，若在采访过程中夹带个人情感或是出现主观意识影响，将对新闻采访的真实性产生影响。

尤其是进入融媒体时代之后，借助于发达的网络媒体，促使人人都能够成为信息的传播者，大量新闻素材在未经证实的情况下，在短时间内被转发，而且在这一过程中，很可能出现断章取义的现象。在融媒体时代背景下，记者肩负着调查事件真相、还原新闻事实的重要责任。新闻记者采访时，应该能够从多方调查新闻事件，而不仅是通过对单一受访者加以采访，仅凭一面之词就对新闻事实加以论断。新闻记者应该秉持着客观、公正的态度，确保能够对新闻采访认真负责，以敏锐的视角对事件真相加以挖掘，还原客观事实。

在融媒体背景下，先进的网络技术已经在生活的各个角落不断渗透，全体公民都可以通过手中的快捷网络工具将信息、想法等发布在网络中，信息网络已经成为当前最大的信息传播媒介。新闻记者需要牢牢抓住这一优势特征，在采访中充分利用便捷的网络技术，对新闻线索加以挖掘。在新闻事件出现的第一时间开展采访，通过对舆论加以合理管理，结合网民们的讨论，从中发现新闻重点以及热点内容，基于多个不同的角度对新闻具体内容加以研究，从而找到潜藏在舆论海洋中的客观真相。

五、融媒体环境下创新新闻写作技巧的路径

（一）全面梳理写作思路，理清内容

进入融媒体时代后，几乎人人都可以成为新闻资讯的传播者，层出不穷的新鲜事为新闻写作提供了众多素材。新闻记者在写作中应该对写作思路加以梳理，从而精准定位新闻写作的具体内容，通过掌握新闻线索，贯穿全文，才能够完成高质量的新闻稿件创作。基于实际情况，在新闻写作过程中，那些具有新闻价值的素材对于记者而言至关重要，但是在写作中如何对这样的素材加以应用，则成了问题。尤其是在融媒体时代下，新闻传播速度非常快，可能已经

有众多媒体对相同的新闻素材加以应用，那么突出新闻写作的专业性则成为关键。

在采访结束之后，需要记者以最快的速度对获得的采访内容加以筛选，对新闻素材加以梳理，整理新闻事件中的关键信息，包括人物、地点、时间、起因、经过、结果等众多内容，随后根据专业知识，从客观真实的角度以生动形象的口吻，对新闻事件加以还原描述，确保最终不仅能够反映新闻事件本身，也能够引导读者了解新闻事件的全过程。

在撰写新闻报道的过程中，需要从新闻创作角度加以定位，对新闻受众加以分类，明确新闻报道的事实内容适合的具体人群，结合新闻素材的内容对新闻视角加以选择，或是宏观政策或是民生新闻，通过明确内容，确保新闻报道最终形成鲜明的主题。在这一过程中，需要创新新闻写作技巧，满足人民大众的阅读需求，以更加通俗易懂的语言适应人们的阅读习惯，避免使用过于复杂难懂的语言，以免影响受众的理解程度。

（二）精练写作语言，突出新闻特征

进入融媒体时代之后，新闻报道在传播过程中出现了短平快的特征。创作新闻报道时，要求新闻资讯内容应该短小精练，这也是新闻写作中的基础要求。以记者对新闻报道的写作为例，若能够将庞杂的新闻内容通过精练的短消息加以概括，则能够在融媒体时代中抢得第一时间，以最快速度发布新闻报道，提升新闻传播价值与速率。对于读者而言，在阅读新闻内容时，更加希望能够从高度概括的短篇文章中获取自己所需的高价值新闻资讯。在融媒体时代，人们的业余时间已经出现了碎片化趋势，新闻记者需要积极迎合这样的特征，写作时通过对写作语言加以精练，鲜明突出新闻特征，便于受众更加便捷地掌握新闻报道的主要内容。

在创作新闻报道时，应以简洁生动的语言写作，通过迎合读者的内心世界，以文字形式发人深省、引起共鸣，促使受众在振聋发聩的语言力量下，充分掌握新闻的主旨。进入融媒体时代后，新闻工作者需要对新闻语言的表达形式加以创新。广泛发展的计算机网络技术促使我国的众多领域已经逐步普及了互联网技术手段，在一定程度上改变了人们的沟通方式。在此背景下，新闻工作者在针对特定新闻事件展开写作时，需要充分意识到创新写作语言的作用，以迎合大众的视角。要善于应用网络语言，取其精华、去其糟粕，适当应用网络用语中包括"打工人""内卷""躺平"等较为新奇有趣的用语，通过与融媒体时代中的网络特征加以融合，能够促使新闻报道的写作更具时代特征，提升报道的吸引力。在充分尊重新闻事件本体的前提下，以更加灵活、生动且效用更强的网络语言加以点缀，能够有效提升新闻报道的编写质量，而且充分展现出基于融媒体时代特征下的创新性表现。

（三）融合先进媒体技术创新写作

融媒体时代的来临，为传统媒体提供了充足的创新动力，通过新旧融合，为传统媒体提供了更加开阔的传播平台。例如，当今时代，微博、微信等平台已经成为向公众传播新闻资讯的主要途径，几乎人人都使用微信、微博等社交软件获取资讯。新闻报道的内容不再是传统的纸质稿件形式，更多情况下是以电子版向人们广泛传播。因此，在这样的背景下，创新新闻写作技巧需要与先进媒体技术加以融合，通过对写作形式加以创新优化，为受众提供更加多元化、新颖的新闻报道内容，促使新闻报道的新形式广受欢迎。在这一过程中，需要记者能够积极创新新闻写作思维，打破固有写作模式，通过借鉴在融媒体平台上传播的新闻资讯形式，对现有的报道写作加以改进。

以往在撰写新闻稿件时，仅仅是通过单一的文字加以叙述，最多是添加几幅图片，尽管部分记者的语言能力较强，能够利用文字精准地完成新闻内容的传递，并达到利用文字力量感染群众的目的，但是在融媒体背景下，人们获取信息资讯的方式越来越多，若不能够对新闻报道的形式加以创新，很容易被淘汰。因此，需要新闻记者适当融合先进媒体技术加以写作，通过在文字稿件中穿插 GIF 动图或是视频等方式，也可以与录音片段相结合，将新闻稿件以电子版上传到微博、微信等官方公众号中，通过更加生动的方式，为受众提供全新的新闻阅读体验。

在视听结合的作用下，促使新闻内容更加生动鲜活，也能够向公众传递最真实的一手资讯内容，提升新闻传播价值。在推送新闻时，除了定期上传具有较高社会价值的民生以及时政新闻内容之外，也需要为受众创作幽默、风趣的社会性日常新闻，以幽默的文笔阐述身边发生的小事、趣事等，能够为受众带来全新的新闻观感，提升新闻公众平台的浏览量，满足人们的多元化阅读需求。①

---

① 张倩. 融媒体时代新闻采访与写作技巧创新的策略 ［J］. 传播力研究，2023（25）.

第四节　融媒体时代广播电视新闻的采编技巧

一、融媒体时代广播电视新闻采编工作的特点

（一）传播途径多元化

与传统媒体为主导的时代不同，以往单纯地依赖于报刊、广播、电视等媒介进行新闻传播，往往会受到诸多因素的制约。具体主要体现在：新闻内容呈现方式单一化，传播范围上也较为局限，导致影响力不强。随着信息技术的进步和新媒体的出现，其与传统媒体实现了高效融合，利于拓展新闻传播渠道，提升新闻传播速度，扩大其影响范围。在新闻消息传播形式上也更加丰富多彩，在多媒体技术的支持下，文字、图片、音频、视频等多种信息表现形式有机结合，依照新闻内容选择最适合的新闻表现形式，为受众群体呈现更加精彩的内容，达到吸引人们注意力的目的，从而可以取得更好的新闻传播效果。

（二）新闻内容海量化

新闻传播的要求是真实性与准确性，这也是新闻内容维持活力的关键，在当前融媒体时代也同样如此。新媒体的广泛应用、传统媒体的创新与转型，在拓宽受众获取新闻信息途径的基础上，令新闻信息更是呈现出海量化的特征，基于日益复杂的信息来源，新闻采编人员要勇于迎接挑战。尽管网络信息资源的传播具有实时性、高效性，分享极为便利，也不受时空限制，提升了采编人员在信息资源收集时的工作效率，但在互联网大环境下，每个人都可以成为新闻信息的传播者，较大程度上也使得网络信息的准确程度无法得到保障，需要采编人员对于信息资源进行合理筛选、严加甄别，才能确保新闻内容的质量。

（三）具有较强的交互性

在融媒体时代，互联网是时下最主要的新闻传播战场，能够为受众提供更加多样的新闻信息，新闻的转发、分享等也具有较大的优势。人们在阅读新闻消息的同时，可以发表自身的观点和看法，以及通过评论、发表弹幕等多种形式与其他人进行互动，有助于人们从多个角度理解与认识新闻内容。同时，也

使各大广播电视新闻媒体能够对新闻内容所具有的社会舆论导向性做出全方位、客观性的把握，为融媒体时代新闻采编工作的顺利开展，提供良好的外部便利条件。

（四）信息传播途径多

随着融媒体时代的到来，人们可以利用日益增多的媒体设施，在某种程度上拓宽了受众获取新闻信息的渠道。除了智能终端的日益普及，为受众快速获取新闻信息提供了重要保障，同时催生了诸多新的网络平台、多媒体平台等，受众可根据自身的实际需要，有针对性地选择符合自身需求的新闻内容。新闻内容得到了丰富，呈现方式也更趋向于多样性发展，对于人们来讲，新闻信息的获取和了解逐渐成为一种视听的新享受，同时也对于广播电视新闻采编人员的专业素质提出了新要求。不但需要其具有较强的新闻敏感度，而且也要对新闻热点内容做出快速反应，保证新闻内容的真实、准确，牢牢把握新闻质量，使其以更适合当前受众阅读习惯的形式予以呈现。

（五）受众地位提升快

传统广播电视新闻主要是传播和宣传正确价值观的硬新闻。信息传播媒介随着新媒体的发展而发生了相应的变化，促进了新闻传播理念的革新。在受众群体地位迅速提升的同时，新闻采编工作人员应树立全新的服务意识。如何将以往的硬新闻转变为更加贴近人们需要的软新闻，已成为目前新闻采编工作中的重点课题。软新闻从内容上分析，通常指与社会民生有关的新闻内容，并非时政新闻，在语言上也更具有趣味性、亲民性。要实现从硬新闻向软新闻的转变，要求采编人员要完全转变工作理念，在日益激烈的新闻信息传播竞争环境下，更需要广播电视媒体真正做到从受众群体的角度出发，全面优化新闻采编工作的各个层面。①

二、融媒体时代下广播电视新闻采编工作的新理念

（一）采编人员要提升自身对新闻题材的敏感度

融媒体时代与传统媒体时代相比，差异之处在于信息来源更加丰富，这也使得受众对新闻内容和报道效率的要求不断提高。为了更好地顺应时代发展趋

---

① 许伟光. 融媒体时代广播电视新闻采编要点分析 [J]. 传播力研究，2022（28）.

势，需要广播电视新闻采编人员不断创新采编方式和方法，想要报道更加高质量的新闻信息，采编人员必须进一步提升自身对新闻题材的敏感度，并做好新闻信息的深入挖掘工作。在此基础上，利用自身专业能力将新闻信息进行科学处理，一方面保证新闻内容真实、可靠，另一方面保证报道角度新颖，这也是吸引受众注意力的关键所在。

（二）提高新闻采编人员的综合素养

为了积极应对融媒体时代带来的各种挑战，新闻采编人员需要不断提升自身的专业能力和业务水平。融媒体的出现打破了媒介之间的壁垒，为其深入融合奠定了良好的基础，为了提高融合效果，需要采编人员熟练掌握新闻采编技巧，并积极引入各种新兴技术开展采编工作。在此基础上，采编人员还要增强自我完善的意识，不断学习其他领域的知识和技能，从而为新闻采编工作顺利进行夯实基础。

（三）新闻采编人员要熟练掌握新媒体技术

融媒体背景下的广播电视新闻报道逐渐向互动性、灵活性趋势发展，这也对采编人员的技术水平提出了更高的要求。采编人员除了要提高专业素养外，还要熟练掌握各种新兴技术应用要点，包括信息采编技术、信息传播技术等，如此才能够为新闻采编工作有条不紊地进行提供技术保障。例如，在广播电视新闻采编过程中，采编人员可以将高科技融入新闻摄录环节，以此来提高采编效率和质量。想要满足这一目标，需要采编人员具备较强的学习意识和创新意识，充分了解各种新媒体技术的操作方法，并合理运用到新闻采编工作中。

（四）丰富广播电视新闻的传播形式

新时期，信息技术蓬勃发展，促进了融媒体迅速崛起，使得广播电视媒体面临的发展压力不断增大。为了创作出更加优质的新闻节目，充分满足受众需求，需要采编人员积极创新新闻传播形式，不断拓展新闻传播渠道，以此来扩大新闻信息传播范围，在为受众提供优质服务的同时，促进广播电视媒体的健康发展。

三、融媒体时代下广播电视新闻采编工作存在的问题

（一）采编内容趋于同质化

在融媒体环境下，广播电视新闻的采编内容趋于同质化，新闻报道的内容

和形式缺乏创新，导致新闻报道的吸引力和影响力下降。一些新闻传播单位为了迎合受众的口味和需求，过度强调娱乐性和轻松愉快的氛围，而忽略了新闻报道的深度和客观性。同时，一些采编人员在选择新闻题材时还会出现相似甚至雷同的新闻报道，缺乏独特的视角和报道方式，导致受众产生审美疲劳和厌倦感。

（二）采编审核流程过于复杂

在融媒体环境下，广播电视新闻的采编审核流程过于复杂，需要经过多个环节的审核和审批，从最初的采编到最终的发布，需要经过多次的编辑、校对、审查和审批，流程烦琐、冗杂，时间成本高，影响了新闻报道的时效性和新闻价值。不仅如此，审核流程的复杂性也给采编人员的工作带来了压力和困难，需要对应的工作人员花费大量的时间和精力来完成审核和审批流程，影响了采编人员的工作效率和工作质量。所以作为广播电视新闻单位，需要加强对审核流程的优化和改进，简化流程、提高审核效率，降低审核成本，以提高新闻报道的时效性和新闻价值，同时减轻采编人员的工作负担，提高工作效率和工作质量。

（三）采编人员工作能力有待于提高

在融媒体环境下，广播电视新闻需要采编人员具备更高的综合素质和能力，包括快速反应能力、多元化采编能力、数据分析能力、创新意识等方面。然而，目前部分采编人员的工作能力还存在一些问题，例如，采编人员对新媒体平台的应用和操作不熟练，缺乏新媒体营销和运营方面的知识，导致新闻报道的传播效果和受众反响不佳。此外，一些采编人员还存在缺乏创新思维和创意能力的问题，导致新闻报道的深度和广度不够，难以吸引受众的注意力和兴趣。[1]

四、融媒体时代广播电视新闻采编技巧

（一）对新闻采编形式进行创新

采编人员需要积极应用新兴技术创新广播电视新闻的采编形式，为采编工作注入新活力，促进采编形式逐渐向多元化趋势发展。同时，采编人员还要不断增强自我完善的意识，积极学习各种新技术和新理念，尤其要学习新媒体技术和计算机技术，以此来提高自身的专业水平和业务能力，为创新采编形式提供技术保障，全面提高采编效率和质量，保证采编的新闻内容充分满足受众的

---

① 丁健．融媒体环境下广播电视新闻采编技巧 [J]．卫星电视与宽带多媒体，2023, 20 (18).

要求。例如，在收集新闻信息的过程中，采编人员除了深入现场采访相关人员，收集第一手信息外，还可以利用互联网平台调查网民对新闻事件的看法。在此过程中，采编人员还要承担起媒体人的责任，鼓励网民发表正向言论，并深入挖掘新闻事件的潜在价值，从中提取有价值的新闻内容。

（二）增强新闻采编效果

虽然在融媒体背景下新闻信息传播速度不断加快，但不可否认的是，由于信息来源渠道较多，所以互联网平台中充斥着大量虚假信息，如果采编人员为了提高新闻采编效率，只基于互联网平台开展采编工作，那么很可能收集到虚假信息。对此，需要新闻采编人员真正做到"从群众中来，到群众中去"，将深入基层采访作为采编工作的必要环节，如此既能够保证新闻信息的真实性，也能够充分了解受众的真实诉求和基本情况。在此基础上，采编人员可以对真实事件进行合理加工并将其融入新闻节目中，从而全面提高新闻采编效果，这也是优化新闻内容、提高新闻价值的关键所在。另外，采编人员要深入调查新闻事件的真实性，包括起因、变化和结果，使新闻报道更具影响力。在此基础上，采编人员要熟练掌握专题报道技巧，从新闻事件的某一个热点切入，并收集与之相关的信息，而后整理成新闻面向社会受众进行报道，达到深化新闻内容的目标。

（三）夯实新闻采编基础

采编人员必须坚守道德底线，确保收集的信息准确、可靠、完整，避免新闻报道出现以偏概全等问题。另外，采编人员需要基于客观角度看待事件的发展，明确宏观、微观、共性、个性之间存在的区别和联系，而后通过心理分析手段将对新闻内容的感性认识转变为理性信息，确保新闻内容真实、准确。同时，想要吸引受众的注意力，采编人员还要将富有时代特色的网络用语，或者民间俗语融入新闻报道中，通过引发受众的共鸣，使其更加认可广播电视新闻报道，从而达到理想的传播效果。

（四）提高采编人员的综合素养

采编人员是新闻采编工作的执行者，在融媒体时代背景下，无论工作强度还是专业程度都发生了较大的变化。尤其各种新兴媒体的出现，使得不同媒体之间的融合程度日渐加深，媒介之间的界限也逐渐模糊，使得传播媒体越来越先进。在这一形势下，采编人员需要积极参与各种形式的培训活动，努力学习各种新媒体技术。同时，广播电视台应制定科学合理的考核计划，对采编人员进行严格考核,以此来调动采编人员的工作积极性,使其在良性竞争中不断增强自我完善意识,为采编工作创新、发展提供人力保障。

(五)基于多元化视角采编新闻

新媒体在迅速发展的过程中,新闻传播速度也越来越快,只要在网络覆盖范围内发生的新闻,即可在短时间内迅速传播开来,这也使得新媒体时代下新闻内容出现深度不够、内容不全等问题,甚至很多新闻内容失真。针对这一问题,需要广播电视新闻采编人员依然保持传统新闻采编工作的权威性、准确性、可靠性优势,在此基础上加快采编速度,确保广大受众能够第一时间获取新闻资讯,使受众能够对新闻发展情况有深入的了解。在此基础上,广播电视台还需要科学、适当地将新闻采编过程上传到新媒体中,从而为受众互动提供便利,这同时也是采编人员基于多元化视角采编新闻的有效方法,能够使新闻内容更加完善、健全、真实。①

第五节 融媒体时代新闻传播问题的创新思考

一、融媒体时代背景下新闻传播存在的问题

(一)传播内容琐碎化

在融媒体环境下,新闻的形式更加丰富多样,适应了现代社会快节奏的生活方式,尤其是在社交媒体平台上,新闻往往以更轻松、更易消费的形式出现,如短视频、图文等。这种形式的新闻往往以简短明了、易于理解的方式为主,虽然提供了方便,但也导致新闻报道的内容越来越琐碎,深度报道和深度解读的新闻比例不断减少。

(二)缺乏舆论把控力

在融媒体环境下,新闻的生产、传播、接收和反馈都变得更加分散和复杂。新闻机构不再是信息的唯一生产者和传播者,受众也可以通过社交媒体等

方式参与到新闻的生产和传播中来。这使得新闻的生产和传播链条变得更加复杂，也更容易被各种非专业的、偏激的，甚至是错误的观点所影响，导致舆论场的碎片化。同时，这种环境也增加了假新闻和谣言的传播风险。①

二、融媒体时代下新闻传播创新与突破的条件

（一）做好新闻内容的创新与突破

在融媒体时代，新闻传播若想获得创新与突破，首先就应提高新闻本身的品质，让传统的新闻从根本上做出改变，这也是最为重要的工作，直接影响着新闻的整体立意。传统新闻碍于技术与传播途径，难以广泛获取受众的要求，且在采集内容的过程中，往往也需要耗费大量的人力、物力。而融媒体时代，社会各界都在科技的发展下获得了进步，因此新闻行业中的新闻内容就可以通过数字技术、计算机、智能设备等，更新信息收集工作的工作模式，例如通过受众的智能设备与互联网及时发现拓展性较高的信息，并围绕事件的发生与经过，直接抽取信息簇，为后续编辑工作提供便利。

新闻若想进一步做好内容方面的创新，还应具备多元化的传播渠道，保证新闻内容的质量与品质，强化新闻的权威性与精准性，在融媒体时代依旧发挥主流媒体的引导性作用，这就需要新闻的内容编辑者具备过硬的基本素质，借助当前网络资源，调取与文章内容匹配的网络视频信息，可以通过智能化技术，通过智能 AI 向新闻咨询者提供信息，提高用户的咨询体验，也可以直接对新闻资料片内的声音片段进行提取，从而更为快速地合成新闻环境音，或甄别出敏感词汇，提高工作效率，全面做好新闻内容制作方面的创新。

（二）做好新闻编排的创新与突破

在融媒体时代，若想为用户提供更为优质的新闻报道，就需要新闻本身具备一定的故事性，满足用户的阅读需求，对于某些拥有较大影响力的事件，用户在获取到主要新闻后，还会去关心与该事件有关的系列事件，因此就需要新闻工作者通过全面收集资料，通过多维度的讲述，对新闻内容的整体始末进行扩充，尽可能多地运用素材，进一步进行提炼，抢占热点。同时，需要主流媒体站出来，发挥自身的权威性地位，为用户提供真实的信息。

新闻媒体应积极更新思路，追求与受众的共鸣感，并注重讲述事件的互动

---

① 徐为民. 融媒体时代新闻报道的变革与创新研究 [J]. 传播力研究，2023 (31).

性，积极利用当前各类媒介，例如公众号、微博等，不应墨守成规，而是应认清时代的发展与自身地位，追求用户的阅读感受，通过叙事性的新闻丰富用户的精神追求，在保障信息真实性与权威性的基础上，强化对文字编排与传播过程的创新。因此新闻就需要在有限的篇幅之中，完美讲述事件的起因、经过与结果，并对所发生的系列事件进行概括，而同时也可以在篇幅中插入外部链接，在有限的篇幅中展示凝练的内容，从而真正做好在新闻编排方面的创新，也为新闻的传播创新打好基础。

三、融媒体时代新闻传播创新与突破的实践措施

（一）注重新闻的层级式

新闻传播的创新与突破应依靠过硬的内容质量，增加多元化的内容，并让各个领域的受众都可以接受新闻所提供的信息。传统的新闻碍于技术，很多有用的领域都难以涉猎，而在融媒体时代，科技的发展带来了更多的便利，新闻就应与时俱进，通过数字技术、计算机等智能设备，一方面让越来越多的人获取到实时信息，另一方面也应更有效地进行传播，满足受众对于信息的需求，因此就需要新闻可以提供多元化的信息，从各个领域进行分析与整理，扩大新闻的影响力。

传统的新闻普遍都是一次性创作，而在融媒体时代，新闻应将其进行转变，通过信息技术与多样化的媒体平台，强化新闻的层级式，让新闻可以一步步进行挖掘，向受众全面展示事件背后的细节，从根本上提升新闻质量。这就需要做好前期的故事性编创，再通过层级式的方式，满足多种需求的受众，以探索的方式对事件进行揭露，同时也可以让更多的受众参与到讨论中，达到传播与扩散的目的。

（二）完善科学化的媒介管理

便利性的网络推动了新闻的发展，信息的多样化也促进了新闻资讯的多样化，因此若想进一步发挥新闻的优势，就需要对媒介进行科学化管理，对传播的媒介进行定位，让新闻资讯可以做到精准投递，因此在新闻制作过程中就要做好新闻的传播定位控制。

很多传统的新闻在进行发布的过程中并没有考虑到媒介管理，经常会一股脑地在各种软件上进行投递，难以发挥出实际效果，而媒介的科学化管理就要求新闻的报道小组，在赶往现场前做好准备工作，并通过当地有关部门对媒介

进行统筹，依据编辑的过程，对不同的媒介进行定位，界定媒介的选择，并深入分析新闻的内容，分析受众群体的投放。例如对于饮食类的新闻，为了丰富受众体验，就可以在饮食类 APP、外卖软件上进行投放，起到一定的告诫与提醒的作用。又比如体育类的新闻就可以在文体软件、足球软件等进行投放，满足球迷对体育信息的追求，以此做好媒介的分类规划，让新闻更好地向受众进行扩散，提升新闻的传播质量。

（三）强化相关人员素质素养

新闻单位还应提高新闻工作者的基本素质、素养，并适应时代的发展，培养新闻媒体人员的媒体意识，从根本上提升其新闻制作水平。多样化的新闻往往会涉猎到不同的知识领域，这就需要新闻工作者对各项领域都应有一定的了解，其难度比以往更高，因此为了推动新闻在融媒体时代的高效传播，就需要打造出一支素质过硬的媒体工作队伍。

传统新闻记者虽然需要一定的编辑水平，但也仅仅限于对文字的加工、排版与录制视频等，而融媒体时代的到来，需要记者拥有对新闻资料进行多方面加工的能力，例如音视频、图片编辑、动画制作等，还需要具有对新闻素材的编创能力等相关素质，而新闻编辑还需要在以往的能力基础上进行提升，培养新闻理论、媒体技术、现代化设备等多个领域的能力，让新闻媒体从业者可以熟练使用现代化设备，并为其树立正确的社会责任感与使命感。

（四）发挥主流媒体的主导作用

融媒体时代也是一个全民记者的时代，人人都可以通过互联网散播新消息，因此当前还需要维持主流媒体的地位，让主流媒体发挥自身的权威性，产生"一锤定音"的效果，这就需要新闻具有权威的话语权。

首先，应对传播理念进行创新，应打破原有的固化管理模式与行政化的思维，应广泛定位市场需求，例如央视、人民日报等中坚主流媒体，更需要积极创新，不断突破，并广泛进行跨界合作，让更多的受众感受到新闻的真实性，使受众从错综复杂的网络消息中得以解脱，为受众提供最真实的消息。

其次，新闻工作者还应认识到，融媒体时代各网络工具的多样性，为此新闻媒体就需要打造出具有竞争力的主流媒体，推动传统媒体的内容层次化、渠道多样化、技术多元化，通过更深刻的内容与多种的传播渠道，满足读者的多元化需求。

（五）创新报道的形式

新闻传播的创新与突破还需要从报道方式上着手。新闻剪辑可以促进新闻的传播更为有效，因此在新闻报道中，可以在新闻画面中添加一些动画特效、文字特效等，突出主题，并进一步方便受众的理解，让新闻在严肃、认真的同时，还具有一定的便捷性，方便更多受众观看。当前我国新闻栏目，最为权威的依然是《新闻联播》，而这档央视新闻在播出的过程中，就做到了与时俱进，突出了活泼性的一面，让受众更愿意观看，因此其他新闻栏目也应积极学习，让新闻在融媒体时代下更为生动、活泼，满足受众的喜爱。

新闻会报道很多重大会议，也可以通过制作与后期剪辑，加入一些关键性的参考数据或表格数据，让新闻更为"接地气"，更加贴近人民生活，并让受众可以直观地看到新闻的报道主题，也可以通过加入动态人物、动画等，让新闻变得更灵活，提升受众的观看体验，这也比传统新闻的口述报道更为直观，更为易懂，也可以进一步拉近与人们的距离，让新闻为更多人所接受，提升其传播效果。

第五章　区块链技术与新闻传播分析

区块链技术被称为第四次工业革命的核心技术。区块链技术是分布式数据存储、点对点传输、共识机制和加密算法等计算机技术的新型应用模式，其本质是一个分布式数据库系统，而去中心化则是该系统的核心特征。基于区块链技术的本质及核心特征，在理想及主要考虑积极因素的状态下设想，这一技术的出现很有可能促成新闻传播行业产业生态的重构，直击行业痛点，为新闻传播行业走出困境提供一种全新的思路。本章主要论述了区块链技术概述、区块链技术与新闻传播行业的融合、区块链技术对新闻传播的影响、区块链技术重塑数字时代新闻传播要素的分析、基于区块链技术的网络假新闻的治理等内容。

第一节　区块链技术概述

一、区块链的定义

区块链起源于比特币，是比特币的基础支持技术和基础设施，是一种新型的分布式可信协议。区块链是分布式数据存储、点对点传输、共识机制、加密算法等计算机技术的新型应用模式。区块链实质上是由一系列使用密码学方法相关联产生的数据块组成的一个去中心化的共享数据库，所有数据块都含有电子货币（如比特币）网络交易的数据信息，可用于复核其信息的有效性（防伪）并生成下一个数据块。区块链技术是一种不依赖第三方的技术解决方案，它通过自己的分布式节点存储、验证、传输和交流其网络数据。

在比特币形成的研究过程中，每个区块都是一个存储单元，它记录每个块节点在一定时期内的所有交流信息。随着网络全球化发展，作为比特币的底层技术之一，区块链的研究得到了多个国家政府的密切关注，区块链技术也越来越受到相关领域的关注。通过哈希算法（也叫随机散列）链接每个区块，前一个区块的哈希值都被后一区块包含，随着信息交换的扩展，一个区块和一个区块相继链接，结果称为区块链。区块链是一组分散的用户端节点和一个由所有参与者组成的记录比特币交易全部历史记录的分布式数据库。比特币交易的初步确认行为是把交易数据放入一个区块或一个数据块中，交易的进一步确认是前一个区块被后一区块链接之后，在持续得到六个区块确认之后，这笔交易大体上得到了不可逆转的确认。①

二、区块链的分类

（一）公有区块链

是指世界上任何个体或者团体都可以发送交易，且交易能够获得该区块链的有效确认，任何人都可以参与其共识过程。公有区块链是最早的区块链，也是目前应用最广泛的区块链，各大比特币系列的虚拟数字货币均基于公有区块链，世界上有且仅有一条该币种对应的区块链。公有区块链，包括比特币、以太坊、超级账本和大多数山寨币，对于任何拥有足够技术能力的人都可以访问，也就是说，只要有一台能够联网的计算机就能够满足访问的条件。瑞波币从技术上讲就是一种公有区块链，但是又与众不同，因为其虽然是建立在一种公有的架构上，但是却使由其底层货币和闭源软件的中心化所有权是私有掌控的。无论其通过去中心化获得什么，最终都会失去，因为其封闭的性质。

所有在公有区块链的数据都被默认是公开的，尽管所有关联的参与者比如比特币都隐藏自己的真实身份，这种现象十分普遍。它们通过自身的公共性来产生自己的安全性，在这里每个参与者可以看到所有的账户余额和其所有的交易活动。这种方式依然让我们感到奇怪，因为我们对这种构成安全性的方式感到十分新奇，但是在比特币存在的这七年时间里，没有人可以找到一种可行的方式去超越这种安全性。不幸的是，付出和收益并不总是相等的。安排这样一种网络可以降低所有相关方的带宽。极少的数据将会在网络中活动得较慢，因为其必须被所有相关方备份。同时，私有区块链通过古老的模型被使用者的权利以及私密加密以致在第一把锁被创造出来以后我们变得十分放心。越少人知道你的数据信息，你的模型将越安全。如果你不打算与其他人分享的话，该机

---

① 冯耕中. 物流信息系统 第 2 版 ［M］. 北京：机械工业出版社，2020：64.

制就十分有效，但是纵观历史，我们还是能找到许多数不清的例子运用这种机制却并不能保障安全。

钥匙可以被设计得非常精密，但总有黑客会更聪明。这不仅是为了区块链的内容，也是管理它的规则。区块链运行得越隐秘，管理区块链的规则越有可能被修改。当普通用户权利管理给私有数据加密时，隐秘经济学，一种混合密码学以及经济激励的学科，成为确保公有区域链安全的方式。因为不同的机构和用户在使用网络时具有不同的目标，所以一种方式战胜另一种方式是不太可能的。两种加密方式都有其位置，尽管它们彼此的位子会有误解，这种现象十分普遍，所以关于它们各自的价值这个问题现在依然作为一个争辩中的课题。

公有区块链是一个透明的发动机。公有区块链为了保护应用程序的用户的隐私，建立了某些规则，即使是应用程序的开发人员也没有权力去操作。这里有一个很好的例子，对于一个社交网络的用户或其他网站的会员来说，网站拥有者改变他们的规则的话，可能会对这些用户造成损失。值得庆幸的是，每一次 Facebook 都会在这几天做出政策改变，他们会通知公众，只有受影响的人会脱离服务。如果他们不公开和诚实地公布他们的变化，用户会要求公开把公有区块链作为他们的基础规则。当多个组织使用相同的区块链，这样的增长会受益于网络效应。不仅使区块链得到普及，另外多个组织会因此推动它的实用性，它也可以降低运营成本。如果我们在区块链上有一个域名系统和在相同区块链上的货币，那么我们可以用智能合同把成本削减近零。关于比特币，这里还有其他的细小的优势，然而有力的论据反对私有区块链的使用。事实上，如今私有区块链的确正用于商业世界，但随着它们的出现，公司内部也有相同的限制，包括应当考虑的安全问题。

（二）行业区块链

由某个群体内部指定多个预选的节点为记账人，每个块的生成由所有的预选节点共同决定（预选节点参与共识过程），其他接入节点可以参与交易，但不过问记账过程，其他任何人可以通过该区块链开放的 API 进行限定查询。

（三）私有区块链

仅仅使用区块链的总账技术进行记账，可以是一个公司，也可以是个人，独享该区块链的写入权限，本链与其他的分布式存储方案没有太大区别。目前保守的巨头（传统金融）都是想实验尝试私有区块链，而公链的应用已经工业化，私链的应用产品还在摸索中。

毫无疑问的是，私有区块链在某些情形下的优势是不容忽视的。首先，一个私有区块链的交易速度可以比任何其他的区块链都快，甚至接近并不是一个区块链的常规数据库的速度。这是因为就算少量的节点也都具有很高的信任度，并不需要每个节点来验证一个交易。实际上，它们都是最值得信赖的，因此，没有必要做全部烦琐的工作。很显然，私有区块链也能给隐私更好的保障。这使得在那个区块链上的数据隐私政策像在另一个数据库中似的，不用处理访问权限和使用所有的老办法，但至少说，这个数据不会公开地被拥有网络连接的任何人获得。私有区块链上可以进行完全免费或者至少说是非常廉价的交易。如果一个实体机构控制和处理所有的交易，那么他们就不再需要为工作而收取费用。然而，即使交易的处理是由多个实体机构完成的，例如竞争性银行，进一步举例来说，因为同样的原因，它们可以如此之快地处理交易，所以，费用仍然是非常小的；这并不需要节点之间的完全协议，所以，很少的节点需要为任何一个交易而工作。

最后，或许最重要的是，银行能够在目前的环境中欣然地接受私有区块。选择使用区块链有助于保护其基本的产品不被破坏。银行和政府在看管他们的产品上拥有既得利益，用于国际贸易的国家法定货币仍然是有价值的。由于公共区块链最佳用途是保护像比特币这样的新型的非国家性质的货币，对核心利润流或组织构成了破坏性的威胁，这些实体机构应该会不惜一切代价去避免损害。

三、区块链的逻辑架构

从架构上说，区块链大致可以分为 4 层，从下到上依次为数据层、网络层、合约层和应用层。

（一）数据层

数据层是区块链的逻辑架构中最基础的一层，功能主要包括区块数据的存储、哈希值和 Merkle 树的计算以及链式结构的生成，其中进行数据的存储时需要重点考虑数据存储的性能和稳定性。在比特币和以太坊中的存储功能选择的是 LevelDB 数据库。LevelDB 是谷歌实现的一个非常高效的键值（Key-Value）数据库，目前最新的版本 1.2 能够支持万亿级别的数据量。基于良好的结构设计，LevelDB 数据库在万亿数量级别下的数据存储应用场景中有着非常高的性能表现。

数据层的功能是把交易数据存储到区块中并将区块加入区块链中。当节点之间发生交易后会将交易数据广播到区块链的去中心化网络上，网络中其他节点负责校验这些交易。交易被确认有效后会存储到区块中，并加入区块链。比如，张三转账给李四 0.2 比特币，王五转账给赵六 0.5 比特币，孙七转账给周八 0.1 比特币。这些转账信息被广播到区块链的去中心化网络中后由节点 A 最先确认，然后节点 A 通过共识算法（或者说"挖矿"）生成一个新的区块，新的区块被加到区块链上生成一个更长的区块链。

（二）网络层

网络层主要包括 P2P 网络和共识算法两个组成部分。P2P（Peer to Peer）网络也称为点对点网络或对等网络，根据去中心化程度的不同可以将其分为纯 P2P 网络、杂 P2P 网络和混合 P2P 网络，下面比较一下这几种网络的特点。

1. 纯 P2P 网络的特点

（1）节点同时作为客户端和服务器端。

（2）没有中心服务器。

（3）没有中心路由器。

2. 杂 P2P 网络的特点

（1）有一个中心服务器保存节点的信息并对请求这些信息的客户端做出响应。

（2）节点负责发布信息（因为中心服务器并不保存文件），让中心服务器知道哪些文件被共享，让需要的节点下载其可共享的资源。

（3）路由器终端使用地址，通过被一组索引引用来获取绝对地址。

3. 混合 P2P 的特点

混合 P2P 同时含有纯 P2P 和杂 P2P 的特点。流行的下载工具 BT、迅雷等都是基于 P2P 网络的，这些下载工具的主要功能是进行文件资源分享，可能会选择杂 P2P 网络或混合 P2P 网络。而在区块链技术中 P2P 网络的作用是让网络中的所有节点一起平等地参与维护这个区块链的分布式账本，使用的是纯 P2P 网络。

但 P2P 网络中，各个节点需要对区块链中的各个区块达成共识才能共同维护同一分布式账本。这个共识的机制就是共识算法，比较常用的共识算法有工作量证明机制（Proof of Work，PoW）、权益证明机制（Proof of Stake，PoS）、股份授权证明机制（Delegated Proof of Stake，DPoS）等。

（三）合约层

合约层的功能使得区块链中的区块具有可编程的特性，比如比特币网络中可以通过编写简单的脚本实现这个功能。加入了智能合约的区块链（区块链

2.0)，具备了更加强大的编程功能，使得区块链可以在满足特定条件后自动触发相应的操作。

合约层赋予了区块链智能的特性，在区块链中智能合约的作用如同一个智能助理，对区块链中的数据和事件按照预先设定的逻辑进行处理，比如可以通过专门编写的智能合约执行查询余额和存钱的操作。

（四）应用层

应用层泛指基于区块链技术并结合具体业务场景开发的应用，包括加密数字货币钱包、交易所、去中心化应用等。常见的区块链应用有加密数字货币钱包比特派、类似于微信的去中心化聊天工具 BeeChat 以及基于以太坊的去中心化应用加密猫。①

四、区块链技术的特点

（一）去中心化

去中心化是区块链技术的核心特性，指的是在分布式的基础上将中心弱化到每个点上。因此，区块链技术不是完全不需要中心，而是强调每个点的独立性，使每个节点都能够成为中心，从而独立运行，且能够完成各个节点之间的直接交易。因此，区块链技术降低了维护第三方信任平台的成本，充分发挥了个体区块在整个区块链上的作用。

（二）去信任

去信任并非指让使用者在应用区块链技术的过程中不信任或不产生信任，而是在应用区块链技术的项目中省去第三方信任机构的介入。任何节点上的人都可以通过"区块"获得交易对象的数字信息，据此判断交易对象是否可信任，甚至可以在交易过程中强制交易对象执行交易程序，进而支持交易双方在脱离第三方机构的同时直接建立信任关系。

（三）集体维护

集体维护的含义是指系统中的区块由所有具有维护功能的节点共同维护，某个"区块"上包含的某条信息在其他"区块"上留有备份，每个节点在参

---

① 高飞 . 电子商务区块链技术论 ［M］. 长春：吉林科学技术出版社，2020：45-47.

与记录的同时也来验证其他节点记录结果的正确性，使得区块链上的信息不被轻易篡改。集体维护是区块链技术内部主要的监督方式，且该监管方式为区块链技术"创造"信任价值奠定了一定基础。

（四）分布式

分布式体现在区块链技术对信息的存储与传递上。每条"链"的每个"区块"上都存储了这条"链"的全部信息，每个"区块"在接收到新数据时，都会将新数据传送给其他"区块"。当某个"区块"受到攻击时，系统会自动调整，避开被攻击"区块"发出的错误信息，避免整条"链"受到影响。可以说，分布式特征在一定程度上实现了将区块链面临的安全隐患最小化。

（五）开源性

开源性是区块链技术从诞生初始就一直存在的重要特性，它使应用区块链技术的系统维持了公开性与透明性。自 2009 年比特币开源初始算法推出以来，区块链技术一直处于开源状态。任何人都可参与到相关研究中，可以下载代码，进行代码修改。因此，区块链技术才能在短时间内迅速发展，并会持续发展下去。[①]

第二节　区块链技术与新闻传播行业的融合

一、区块链技术与新闻传播行业融合的现实壁垒

（一）技术壁垒

作为一项最前沿的革命性技术，毫无疑问，区块链技术具有很大的发展空间，但目前区块链技术的发展，还客观存在着一些技术壁垒。

由于区块链技术的核心特征是去中心化，在与新闻传播行业的融合场景中，这就意味着新闻生产、发布和传播的每一个环节，都将被同时存储在区块链的所有节点上。这种共识机制保证了数据的安全性、中立性和不可篡改性，

---

① 刘宏. 基于人工智能技术的资金监管探索与实践［M］. 北京：科学技术文献出版社，2021：46-47.

但区块链上的数据被无限期地存储，且不断地增加，必然就会造成巨大的技术成本。同时，这也会随之带来处理量低以及处理一个区块耗时长的效率低下问题。所以，目前的区块链技术门槛和成本都很高，但效率却相对较低。在这种情况下，区块链技术只有在对去中心化有极大需求，并且能够承担其技术成本和时间消耗的行业中，才能带来实际的价值。但遗憾的是，新闻传播行业并不属于此类行业。

从现有的区块链新闻平台（如 DNN、Civil 和 PUBLIQ 等）来看，目前区块链技术的计算能力和反应速度都无法满足新闻传播行业对时效性的较高要求，同时，大量冗余存储带来的高技术成本也将给新闻传播行业增加很大的负担；另一方面，目前区块链技术的门槛很高，普通新闻工作者和民众实际上难以进入。因此，着力推动区块链技术走向成熟，提高其运行效率，降低其技术门槛是新闻传播行业与区块链技术实现融合的首要前提。

（二）虚拟货币政策壁垒

除了技术壁垒，虚拟货币和政策法规同样是新闻传播行业与区块链技术融合道路上的一大障碍。

首先，与区块链技术融合后，新闻传播行业的大部分甚至一切交易将依靠虚拟加密货币进行，但虚拟货币本身并不具有任何实在价值，且为保持代币的吸引力，很多虚拟货币的发行数量都是一定的（如比特币等），这就导致虚拟货币的价值完全受供求关系影响，稳定性较差，容易引发投机行为，目前还不能成为一个理想的价值存储介质。因此，制定一套较为完备的虚拟货币政策十分必要。

此外，目前国内还没有出台基于区块链技术的新闻监管政策和行业规范。区块链技术的发展可以无关国界，但政策却难以做到，而政策的差异又可能成为合作的壁垒。因此，如何制定国内的相关政策，并通过国际协商，利用好区块链技术可能带来的跨国合作新机遇，也是当前需要思考的问题之一。[①]

二、区块链技术与新闻传播行业融合的建议

（一）健全法规政策建设

当前我国区块链技术尚未全面应用，在区块链技术领域，法规与政策建设

---

① 黄海斌. 区块链技术与新闻传播行业的融合构想与现实壁垒［J］. 科技传播，2019，11（2）.

尚处于初级阶段，作为一项新生事物，区块链技术与新闻传播行业的融合既需要法律法规对其行为进行规范，又要通过政策给予一定支持，才能促进基于区块链技术的新闻传播行业得到快速、长效发展。首先，根据行业发展需要制定对应的法律法规，目前我国并无任何法律法规对区块链技术与新闻传播融合做出明确规定，亟待建立相关法律法规促进该领域的发展，对违反法律规范、危害信息安全的，要通过法律对其实施制裁，使基于区块链技术的新闻传播行业有法可依。同时，在著作权法层面对基于区块链技术的新闻素材进行著作权保护，为维护版权方权益提供法律保护。

其次，加快相关标准建设。一方面，要加强区块链技术的标准建设；另一方面，则要加快新传播形势下的新闻媒体标准建设。我国正在通过信息技术领域的组织机构组建运营与测试小组，为基于区块链技术的产品提供测试服务，使之与市场建立联系。传媒行业也应加快完善相关的行业标准，以适应区块链技术的融合。除此之外，政府还应在政策方面给予一定支持，为技术实力扎实的企业提供政策引领，甚至是提供资金支持。

（二）加速新闻传播转型

基于区块链技术的信息传播，信息被篡改的可能性极大降低，在透明的监督下，新闻内容的准确性与真实性得到有效保障，新闻传播行业应当积极利用此项技术规避虚假新闻，构建健康的新闻传播生态。

新闻传播可以通过去中心化的技术手段构建一个全新的传播模式。在区块链技术的支撑下，新闻生产者生产的新闻产品直接与用户关联，省略了中心平台的中枢作用，因此，新闻产品不再受中心平台的干扰，实现了新闻传播的去中心化。同时，基于区块链技术，新闻生产者所生产的新闻产品的利益得到重新分配，生产者的产出与收益不再受中心平台的限制，有助于提高新闻生产者的积极性。

（三）建全人才培养体系

如今，培养一批掌握区块链技术的复合型传媒人才是区块链技术与新闻传播行业融合的重中之重。

首先，要强化专业技术人才的培养。一方面，要加快推进多学科的交叉建设，促使新闻传播学与区块链技术所属学科进行交叉，并按照全新技术的要求进行新闻传播人才培养，从而培养出能够满足实践需求的复合型人才。另一方面，要强化学界与业界的联系，由学校组织和输送该专业的学生，由相关企业提供见习机会与实习岗位，为在校学生提供更多的实践途径。

其次，要构建新的培养模式。在发达国家，已经有了一些可为我国培养具备区块链技术的传媒人才提供参考的实例，如日本区块链协作联盟已经开始实施的区块链大学培养计划，通过建立专门的大学进行专业人才培养，如此可为新闻传播行业提供更多的专业人才。企业、高校以及其他相关机构可以通过资源互补打造以区块链技术为基础的新闻传播实验室，以此搭建技术与市场沟通的桥梁，加速区块链技术与新闻传播的融合。

（四）提高用户媒介素养

任何技术的快速发展都离不开广泛的用户群体，区块链技术与新闻传播行业的融合颠覆了以往的新闻传播模式，用户的数量与质量决定了其未来发展的方向和进度。基于区块链技术的新闻媒体对受众的媒介素养从深度和广度上进行了延伸，用户不仅需要对一项新的技术进行了解，掌握如何运用，同时还需要具备信息资源分析与应用能力，因此，对用户的媒介素养提出了更高的要求。

国外的区块链技术在新闻媒体中已经得到一定时间的实际应用，已经打造了一些基于区块链技术的媒体平台，如"Matters"平台，其通过邀请码等方式筛选高质量用户。国内的区块链技术的新闻实践应用还十分薄弱。此外，目前缺乏具备较高新媒介素养的用户，可以在打造基于区块链技术的新闻传播平台过程中，通过有价值的新闻逐步吸引用户的关注，在潜移默化中提升用户的媒介素养。①

第三节　区块链技术对新闻传播的影响

一、区块链对新闻传播带来的革命性影响

（一）保证新闻的真实性

区块链技术能有力打击谣言、假新闻等虚假信息，对于新闻传播业的革命性影响之一就是能够基本保证新闻的真实性。"去中心化"是区块链的最大特质之一，形成人人都是中心的概念，能让区块链技术有可能从源头上减少不客观新闻、虚假新闻的生产。对于新闻传播业来说，谣言、假新闻以及不客观新闻是新闻传播业需要清除的最大"毒瘤"。对此，区块链能够很好地助力减少

---

① 徐锡霆，邢振宇. 区块链技术与新闻传播行业的融合 [J]. 青年记者，2020（17）.

假新闻，区块链有着去中心化的分布方式，也有着实时更新的特性，能确保数据采集的真实性，让受众能快速接收到资料，从而在时空层面上，避免因信息传播延时导致的"假新闻大行其道、真信息被堵在半路"等问题。

（二）加强新闻的优质性

区块链技术在新闻传播上的应用能够准确地跟踪内容流向，提高新闻生产者的积极性，增强平台用户的参与度，促进更多优质优量的新闻产生。当前，新闻传播者生产新闻的积极性与版权等问题存在一定的正相关性，而区块链通过点对点传播等技术保障，能够保护版权，保证新闻报道的时效性、真实性、专业性，给予新闻传播者足够的技术支持，增强他们生产新闻的积极性，也能让人们更信任新闻传播。在区块链技术平台上，所有的信息、新闻一经发布就不可篡改，都会在互联网上留下永久痕迹，有了这强有力的技术保证，新闻传播者可以更加全身心地投入新闻生产，产出更多优质优量的新闻。

（三）实现舆情分析的精准性

区块链使大数据与舆情分析相结合，能让舆情分析更加精准凝练，节约时间成本、减少社会资源的占用。区块链所形成的大数据含金量比较高，且大数据的处理能力极强、运算极快，处理数据的成本大大降低，大大地提高数据的价值性和准确性。在有限的时间里，在结合区块链技术的基础上能获得更多高价值、高准确的政务舆情、商务舆情等相应的数据，并过滤了大量耗费资源的无用舆情信息，从而使舆情分析更加精准到位。此外，通过结合区块链溯源追踪技术，能精准、高效打击一些谣言导致的网络舆情，促进互联网世界中"谣言自净机制"的形成，为提高管理层舆情研判能力、舆情精准分析能力提供技术保障。

（四）加强信息的共享性

区块链技术能减少中间平台对传播者的干预，形成的信息共享性，能提高新闻传播平台的传播效率、安全程度，节约传播者的时间。在传统的信息共享中，无论是单向共享还是实时共享，都需要经过层层审核才能实现。然而在这个过程中，能否通过、是否能取得好的宣传效果，取决于审核者的审美标准和是否符合接收者、受众的品位。而区块链技术的出现，却彻底打破了传统信息共享的模式。在区块链信息传递系统中，每一个用户都是一个中心，整个区块链信息都是公开透明的，只要随便一个中心发布信息，都能实现全网信息同步、双向、多向的共享。这给新闻传播业带来共享方式和模式的革命性转变，大大增强了信息的共享性。①

二、新闻业运用区块链技术面临的问题

区块链技术是继蒸汽机电力信息和互联网科技之后，目前最有潜力触发第五轮颠覆性革命浪潮的核心技术。然而不可否认的是，区块链的应用仍然面临着技术、伦理、法律等多方面的考验，将其运用于新闻业也有诸多问题亟待思考和解决。

（一）难以从根本上解决虚假新闻问题

首先，区块链技术只能在新闻的基本事实求证和新闻溯源方面进行"大众化"的普遍核查，而无法区分出新闻信息的表面含义和理解含义，无法理解新闻信息中包含的价值因素，因而无法完全呈现出新闻的"真相"。

其次，区块链技术核查新闻主要针对的是新闻文本，而在新闻短视频火热的当下，视觉化内容的真假难以被计算出真伪。不得不承认的是，互联网时代虚假信息的复杂性和表现形式的多样性，为区块链技术核查新闻真相带来了更大的挑战。

（二）并未解决新闻场域专业性问题

一方面，公民记者并没有接受过系统化的新闻教育，对新闻价值要素的判断缺乏专业视角，生产和发布的内容缺乏可接受性。另一方面，在"后真相"时代下，媒介素养较低的受众，易被情绪牵动而忽视真相，区块链技术的助推更易引发大规模的情绪感染。此外，面对一些专业性较强的新闻报道，并不是每一个公民记者都能够给出专业的判断和审核，新闻生产还不能完全放权。

（三）涉及个人隐私问题

智能合约是一种计算机协议，能够以信息化方式传播、验证或执行合同，这些信息交易在没有可信第三方的情况下执行、可追踪且不可逆转。受众在享受区块链传播网络提供的共享信息服务的同时，难以避免地也会透露出个人信息，而这些信息一旦在全网存档，便可追溯且难以更改，隐私泄露和保护问题令人担忧。目前，数据共享和隐私保护的矛盾是区块链技术亟待解决的问题。

---

① 郑可彤.区块链对新闻传播业的革命性影响［J］.科技传播，2020，12（13）.

（四）离不开监管的加持

技术是一把"双刃剑"，技术成熟与否、使用目的为何、法律政策如何保障等，皆是区块链技术应用面临的问题。目前许多国家对区块链技术应用的态度较为谨慎，监管力度也很大，如果新闻业在区块链技术使用上贸然应用代币，可能触及政策禁区。值得注意的是，由于现行的社会观念和法律制度尚未跟上技术的发展速度，因此，将区块链技术运用于新闻生产还需要给受众一段适应期。[①]

第四节　区块链技术重塑数字时代新闻传播要素的分析

一、数字时代新闻传播要素在发展过程中存在的问题

（一）对新闻传播原创者的影响

在传统的新闻传播时代，新闻媒体是新闻传播的唯一传播者，但随着我国数字信息化时代的到来，网络系统的发达，普通老百姓也可以成为新闻事件的传播者。不过，以目前的发展形势看，重大新闻事件的传播者依然是职业新闻媒体的新闻工作者，他们通常会在深度挖掘新闻事件的传播价值、事件真实情况等方面加大传播的力度，以此来吸引广大民众的注意力，从而提高新闻传播的阅读浏览量，为自己创造越来越多的经济效益。对如今的情况进行分析可知，数字化技术或者是信息化技术的持续发展，确实让新闻产业要面对更多的竞争和挑战，大部分人又或是产业都会因为利益的原因，违背行业或者是自己的道德，进而做出抄袭、捏造甚至是夸大新闻信息的行为，这就导致原创者的努力全部付之东流。总而言之，由于数字化时代的发展背景下，监管力度不足，使得新闻传播者层面遭受了巨大的冲击与打击。

（二）对新闻传播的载体媒介的影响

数字化背景下的新闻传播媒介受到了巨大的影响。在数字信息技术的影响

---

① 孔令淑，蔡之国．区块链技术对当下新闻业的影响探析［J］．新闻传播，2019（22）．

下，首先从有利影响的角度出发，数字信息化的不断完善使广大民众的生活水平和社会各行业的发展都得到了快速提高；其次，从不利的影响角度出发，数字信息化技术存在着严重的安全隐患，各种浏览新闻的软件在数字信息化技术手段下不断涌现，要想达到更好的阅读体验，用户则需要绑定手机号、身份证等个人信息，导致个人信息被泄露，甚至不法的新闻媒介企业还会贩卖平台客户信息以谋取经济利益。与此同时，还有的新闻媒介企业利用新闻传播的噱头吸引广大民众注册会员、充会员费等方式进行消费，比如，会员费与平台费等活动，用户在其吸引下便会消费，但殊不知其中也存在严重的数据造假与过度投放广告等严重问题，由于对自身的新闻传播平台疏于管理和宣传，致使出现垃圾广告过多、浏览量作弊等现象。

（三）对广大受众的影响

在数字信息化技术被广泛使用的背景下，新闻传播的方式发生了翻天覆地的变化。新闻传播已经不再是新闻媒体的专利，各种网络自媒体、信息传播平台都是新闻传播者。随着数字化信息的不断发展，对新闻传播原创者和新闻传播媒介都带来不小的冲击，网络传播中充斥着各种不真实的新闻信息，作为新闻传播的受众，在海量的网络新闻传播信息中，无法甄别虚假新闻和真实新闻，甚至会在不确定新闻信息真假的情况下，盲目地对新闻信息进行评判，受到不良虚假新闻信息的蛊惑。因此，需要权威的新闻机构或者新闻当事人进行辟谣，使受众明白新闻的真实情况，但在日后的新闻阅读中依然会继续犯同样的错误。作为新闻传播的要素，一旦出现混乱就会使新闻传播的真实性受到影响。因新闻传播要素中有较为混乱的问题，使得事情的真相渐行渐远。由此可见，新闻传播的要素也需要在信息化时代的背景下不断进行革新。①

二、数字时代区块链技术重塑新闻传播要素的措施

（一）协同传播者保护权益

通过对区块链技术不可篡改时间的利用，传播者得到热点事件信息时能够更准确地验证各区块录入的数据信息，进而得到真实、客观、完整的报道素材，同时新闻源头如果在后续更新了相应的信息记录，有助于传播者的追踪报道，实现从源头对虚假不实新闻信息的遏制。在新闻传播阶段，传播者可以利

---

① 李佳蓉. 区块链技术重塑数字时代新闻传播要素的探究［J］. 传媒论坛，2021，4（10）.

用区块链技术的智能合约，提前制定有关数字版权的保护协议，发布内容中明确权益，发生责任纠纷及时维权，整个过程均不需要通过第三方机构完成，能够通过智能合约的执行系统进行精准判断，实现对传播者版权利益的全面、自动保护。另外，对网络威胁来说，传播者需要及时追溯其无法篡改的违法记录，将相关信息及时提交至互联网法院进行追责，严格打击不法行为。

（二）优化与完善传播媒介的运行系统

因为节点用户的个人隐私具有加密性质，因此，传播媒介平台需要捕捉受众的交易行为进行画像，但是因为用户信息具有私钥的保护，因此，并不能获取其隐私信息，能够保证用户个人信息的安全性。同时区块链技术具备去中心化的网络结构，能够有效实现传播者和受众之间的点对点信息传播模式，在这一基础上，媒介平台需要将额外得到的价值转移至授受信息的两端，加强对受众权益的保护，提高传播者的经济效益。

其次，区块链技术的应用为广告商的精准投送提供了全新、可靠的手段，广告推广环节能够追溯其实际的传播路径和传播效果，有效反馈精准的市场评估，并且区块链信息不可篡改的特征能够有效避免数据失真、无端差评等不良现象。另外，通过对区块链技术智能合约的应用，广告商能够和媒介平台制定合理的合约协议，量化传播效果进行付费，在避免数据失真的基础上只要能够达到相应播出效果便可以自动执行协议，同时向媒介平台传输数字货币。

（三）提高受众的话语权

真相的滞后是信息繁杂混乱所导致的一种传播障碍现象，为了能够有效控制受众集合行为所导致的这类传播障碍，受众能够对接收新闻资讯的时间戳进行溯源，因为区块链技术的应用使采编过程对事件真相的不可篡改性，受众能够及时对报道内容进行验证，进而有效避免不实信息对自己造成的不良引导。并且区块链去中心化的信息结构能够对新闻媒体的话语权威造成一定的冲击，使受众能够了解更多信息，在辩证的角度下看待问题。其次，在受众和新闻媒体之间，可以采取具备评分反馈机制的智能合约，如果新闻媒体向受众传播一些低俗化、煽情化的内容，受众能够对该媒体机构进行评分反馈，如果评分与标准不符便能够自动拦截该媒体机构投放的信息内容，同时能够通过智能验证查询一些无端的恶意言论，如果与真相不符，能够及时保存发出反馈的用户失信记录。

（四）促进新闻传播转型

在新闻传播过程中采用区块链技术，对保证信息传播的安全性，避免信息被窃取、篡改具有十分重要的作用，在透明监督的作用下，能够为新闻的真实性和客观性提供技术支持。所以新闻媒体需要积极利用区块链技术，从源头遏制虚假不实信息的传播，构建良好的新闻传播环境。通过去中心化的技术模式构建新型传播模式。通过对该项技术的应用，所生产新闻产品与用户关联，避免新闻产品受到中心平台的影响。另外，通过对该项技术的合理利用，能够对生产产品获得的利益进行合理分配，产生的收益并不会受到任何影响，对提高新闻生产人员工作主动性和积极性十分重要。

（五）提高用户的媒介素养

用户群体是推动技术发展的关键因素，区块链技术和新闻传播的融合有效地弥补了传统新闻信息传播模式的不足，同时用户的数量和质量对其未来发展方向起决定性作用。以区块链技术为基础的新闻媒体能够有效延伸用户的媒介素养，不仅需要用户对相关技术有一定的了解，同时还需要具备良好的信息分析判断能力，所以对用户提出了一定的要求。目前，区块链技术已得到了国外新闻媒体的广泛应用，同时建立了诸多相关媒体平台，比如"Matters"平台，能够通过邀请码的方式选择高质量用户。我国新闻媒体对区块链技术的应用仍处于初步发展阶段，因此更需要加强对区块链技术的应用，通过区块链技术推动新闻传播要素的变革，提高传播质量。但是，目前我国缺乏具备较强媒介素养的用户，因此，需要通过有价值的新闻逐渐吸引用户，不断提高其媒介素养。①

第五节　基于区块链技术的网络假新闻的治理

一、网络假新闻的归因分析

（一）匿名带来责任缺失

长期以来，社会心理学研究已经证实，匿名状态会严重影响人们的行为。最著名的工作是菲利普·津巴多开展的一系列实验，他发现人们匿名时的攻击

---

① 黄文军. 区块链技术重塑数字时代新闻传播要素的可行性 [J]. 中国传媒科技，2022（7）.

性和暴力倾向要比实名时更强。在网络虚拟环境的掩护下，个人很容易发出在现实生活中永远不会表达的可怕的言论。他们会捏造事实、制造噱头、虚张声势、言过其实、断章取义，因为他们知道，在匿名的网络环境中没有人会知道他们是谁，他们也不用为自己的言论负任何责任。

（二）流量源于利益驱使

在这个"流量为王""流量变现"的注意力经济时代，要想获得较好的经济利益，首先要积累"流量"。满足受众猎奇心理的假新闻成为低成本、高效率的聚集流量的手段之一。现有的社交网络媒体的推荐页无不充斥着"标题党"文章、各类猎奇图片，商业利益的驱动使得假新闻充斥着整个网络，甚至成为一种产业。位于马其顿中部的小城韦莱斯，因其市民大量编造假新闻，吸引流量、赚取广告费，现已成为著名的"假新闻"小镇。

（三）技术成为幕后推手

相比智能化新闻写作而言，新闻转发与评论门槛较低且应用要广泛得多。通过智能算法，人工智能机器人能自动寻找到社交网络中的核心节点、名人大V，并在回复或转发时自动"@"他们，这为假新闻的传播提供了优质的扩散通道。另外，智能机器人还可以寻找到对某一类新闻感兴趣的特定用户，并精准为他们推送符合用户喜好的"假新闻"。长期被假新闻包围的用户会产生"虚假记忆"，他们会误以为谎言是自己记忆的一部分而产生"认知同化"，自然地依据自己的"常识"通过评论和转发助推假新闻的传播。

（四）法律缺乏明晰界定

社交网络缺乏传统媒体对信息源、信息内容的"把关"制度，导致假新闻生产成本低；社交媒体的开放性与普及性使得假新闻的传播成本降低；缺少对假新闻进行内容认定、危害认定、责任认定的相关法律条文又降低了造假者的违法成本。

二、基于区块链技术的网络假新闻的治理措施

2018年皮尤研究中心的一项新调查显示，目前62%的美国人依靠社交网络而不是传统的新闻网站作为他们的主要信息来源。在假新闻风靡社交网络的今天，急需强化有效的假新闻治理体系以净化社交网络环境，还大众知情权。

解铃还须系铃人，既然是技术"惹的祸"就应该从它入手，解决假新闻

的治理问题。区块链是一种新兴的技术，具有去中心化、不可篡改、可追溯及自治性等特性，能提供一种存储、验证、保护数字资源的新方法。参照信息传输理论，基于区块链的社交网络假新闻治理体系可以从信息产生、传播、消费三个环节，即将信息生成的源头（发布人、发布内容）、传播的中间渠道（转发人、评论人）、信息的消费者（读者）等相关全过程信息"上链"，利用区块链特有的不可篡改及可追溯性对新闻的生产及传播过程进行溯源。因为信息的来源与传播在数学上被证明是可信的，读者可以通过区块链对信息溯源，以确认信息的有效性，因此，虚假信息很难变成"替代事实"。

（一）区块链数字身份机制

数字身份机制即对系统内的主体——人赋予全球唯一的数字身份，有了这个数字身份，你不需要依赖第三方机构来证明"你就是你"。与数字身份相关的数据既不能被授予，也不能被撤销，体现了数字身份的"唯一性"与"不可剥夺性"。

通过区块链，能轻松地建立和管理数字身份，实现自我主权。有了这唯一的数字身份，在社交网络发布信息时，系统将相关内容与这个数字身份一同写入区块链，由于区块链的不可篡改及数字身份的唯一性，这条信息的来源就被永久保存，这样既保证了数字世界的永久知识产权，又方便对信息进行溯源。

（二）文件真实性验证机制

造假新闻的很大一部分是利用了读者"眼见为实、无图无真相"的认知误区对新闻中的图片或视频进行造假。通过区块链技术，将与新闻相关文件的"上下文元数据"全部存储在区块链上，支持对相关文件的真实性验证以阻止对图片或视频文件的造假。这些"元数据"包括：照片或视频的拍摄时间和地点，拍摄者以及有关如何编辑和发布该文件的相关信息。

纽约时报的研发团队计划通过 IBM Garage 服务，使用区块链对新闻照片进行身份验证。该项目通过整合新闻的"上下文元数据"形成"信号集"，这些"信号集"可以与发布媒体一起传播到显示材料的任何地方，区块链可以追踪新闻（文本、图片或视频内容）的出处，并保证它没有被篡改。2023 年，区块链分类账（实现区块链的一种技术，和比特币、以太坊类似）对多达30%的世界新闻和视频内容进行真实身份验证，以应对"Deep Fake"技术。

（三）新闻全过程追踪机制

全过程跟踪不仅将新闻是由谁发布的、内容是什么及相关"信号集"存入区块链，还会将新闻的观看、转发、点赞及评论信息存入区块链，形成新闻从生产到消费的全过程跟踪。如 Po. et 就是一组分散的协议和应用程序，主要关注媒体中的内容所有权、传播路径和货币化，在对媒体组织和内容创作者的信任、可核查和问责制的基础上，为新闻创建一个不变的、分布式的分类账来实现对新闻消费的全过程追踪。

纽约时报赞助的"新闻来源项目""深度信任联盟"是努力将新闻、图片和视频推送到网络上的方式标准化的例子，它们同时记录了新闻、图片和视频从源头到消费的全过程。

（四）用户信任度评价机制

有了唯一的数字身份，所有人在社交网络的活动信息将变得有迹可循。虽然数字身份与真实的社会身份在用户未授权的情况下无法对应，但用户在数字空间内的行为记录将永远存在。换句话说，数字空间中的造假者的"孪生体"会被详细记录发布假新闻的细节、转发假新闻次数等，最终形成该用户在网络中的可信度标签，该标签会被显著地标注在用户的所有网络活动上，以便他人随时查看。有了信任度评价机制，那些"劣迹斑斑"的假新闻发布者将会被轻易识别。

（五）创新多渠道盈利模式

商业利益的驱动会比法律或道德监管更有利于解决假新闻的问题。引导盈利模式从"流量变现"转向"数据变现"，将会从源头切断"假新闻"的生产动力。基于区块链技术构建的社交网络，用户的数据在未授权的情况下是不能被媒体平台获取的，这样用户不仅可以维护自己的信息不被泄露（如脸书的账号泄露事件），而且可以选择性通过区块链技术出售自己在数字世界中的部分数据（如个人浏览喜好等出售给广告商，医疗信息出售给制药企业等）、自己适当付费或者在社交网络做"义工"（如观看广告或成为大众评审员等）以换取高质量新闻服务。①

---

① 孙发勤，冯锐．区块链技术赋能下网络假新闻的治理 [J]．青年记者，2020（32）．

第六章　新媒体与新闻传播分析

新媒体的快速发展对新闻传播产生了较大的影响。本章首先分析了新媒体的相关基础性知识，接着进一步探讨了新媒体新闻传播长尾效应，论述了微博、微信公众号与新闻传播，最后详细地研究了基于新媒体的新闻传播特点、优势和策略等相关的内容。

第一节　新媒体概述

一、新媒体的内涵

新媒体就是依托数字技术、网络技术和移动通信技术等，通过有线或者无线传输网络，向用户提供信息（数据）服务，发挥传播功能，并能使传播者与受众（用户）互动的媒介的总和。新媒体的内涵可以分为两个层面：第一个层面是技术层面的新媒体，第二个层面是哲学层面的新媒体。

在技术层面上，新媒体就是数字媒体。人类进入了信息高速公路时代，信息传播的速度、数量和质量都经历了翻天覆地的变化。换句话说，新媒体可以被称为数字媒体。数字化是计算机技术、多媒体技术和软件技术的基础。复杂的信息从可测量的数字（数据）中创建适当的数字模型，将它们转换成"0"或者"1"，并在计算机的内部对它们进行各种编排，以便人们可以轻松地阅读或编辑修改文字、图片、动画、音频、视频等。新媒体是利用网络技术、数字技术和移动通信技术，通过互联网、无线通信网络、卫星频道和电脑、手机、数字电视等终端向用户提供信息（数据）服务。数字化是信息传播的基础，也是新媒体的一个重要特征。首先，新媒体所传递的信息迅速数字化、规模化、高清化，人类随时随地都被信息所包围。其次，以数字化为主要特征的新媒体实现了点对点的信息传播，从传统媒体的点对点通信到一对多、多对一、多对多的传播，所有人的沟通都已经实现，信息传播的普及和互动时代已经到来。

新媒体在哲学层面实现了人与信息关系的根本转变。媒介引进了"一种尺度"——媒介即信息（讯息）。媒体是传播信息的媒介，改变了人类社会的不仅仅是媒介传播的信息，同时也包括媒介本身。真正有意义的不是各个阶段的媒体传递的信息，而是媒体本身的变革，利用媒体进行适当的交流活动实践等相关内容。任何媒介（即人的任何延伸或任何一种新技术）对个人和社会的影响都是由新的尺度产生的。在人类社会进步的过程中，信息的发展历经四次革命，不断发生着变化：一是语言信息革命，通过器官的进化产生有意识的语言传播来实现点对点的信息传递。二是文字信息革命，它是文字出现后依赖文字书写、印刷媒体进行的一种线性传播。三是电磁波信息的革命，电磁波的不断进步和后续的通信技术使信息的传播形成了信息覆盖的局面。四是电子计算机信息革命。通过互联网、移动通信和数字技术形成了一个全面的三维信息传递网络。这四次由点到线到面到网的信息革命中，每一次的变革都标志着人类文明的进步。通过新媒体实现的海量实时高清的信息大大拉近了人与信息的距离。特别是全息投影技术和 3D 技术的存在将人类带入了信息狂欢的时代。另外，充分的参与和互动也使人们开始可以重构世界的信息秩序，彻底改变了人们对于媒体的理解。报纸、电视等传统媒体的客观真实性特点受到新媒体的挑战，传统媒体在网络等新媒体的介入下发生了微妙的变化。

二、新媒体的特点

（一）新媒体形式的特点

1. 迎合人们休闲娱乐、学习时间"碎片化"的需求

随着社会发展的高速化，加之人们生活节奏的快速化，人们很难抽出时间来集中娱乐、学习与消遣。新媒体的出现正好迎合了这种"碎片化"时间消费的趋势，这种迎合体现在三个方面：第一，新媒体打破了地域的限制，使得信息的传播超越了地理条件的制约。无论是城市还是乡村，信息伴随着各种媒介出现在大众面前，使得在信息面前"人人平等"的局面出现。第二，新媒体打破了时间的限制，人们可以随时随地获取信息。伴随着无线网络的普及，这种趋势会更加明显，新媒体的"碎片化"特征或许更为明显。第三，借助于客户终端的多样化，受众可以借助形式多样的新媒体实现"碎片化"的时

间消费，如比较流行的微博等，这些形式都迎合了受众的"碎片化"状态。

2. 满足随时随地互动性表达、娱乐与信息需要

传统的报纸、广播、电视等的传播方式是"中心化"，是一对多的圆锥形传播。但是新媒体则完全"去中心化"，实现点对点、面对面的传播。这样就有利于受众针对不同的信息进行自我化、个性化的分析。同时受众还可以借助各种客户端实现远程视频、远程图片的交流，使得交流的形式更具多元化、多样化。这些优势是传统媒体所不具备的特点。这种智能化、网络化的信息交流与传播进一步扩大了社会的透明度和民主度，有利于现代社会文明的建设。

3. 人们使用新媒体的目的性与选择的主动性更强

在传统媒体条件下，个人试图向公众发言是有一定难度的。这种阻力被称为进入的高门槛，人们如果要在传统媒体上发表意见，往往需要各种条件。新媒体技术的发展彻底改变了受众被动接受、传播信息的局面。随着以互联网为主的新媒体等手段的发展，受众可以借助各种形式的"话筒"发表自己的个性化语言。现在比较流行的形式有论坛、微博、微信、邮箱等。这些新颖的信息传播工具的出现一方面给受众带来了极大的便利，受众可以持各种观点进行交流、探讨；另一方面也伸张了民主，有利于民主权利的普及和社会主义文化建设。新媒体确实降低了信息接收和传播的门槛，这对传统的媒体产生了不少冲击，传统媒体也需要想方设法去迎合这种"低门槛"的趋势。可见新媒体的出现开辟了一种民主、平等的平台。

（二）新媒体传播的特点

新媒体带来了传播的革新，第一次实现了实时传播，信息随时可以进行发布。[①] 从岩画的模拟传播，到诗歌和戏剧的口语传播，到造纸术和印刷术发明之后的文字传播，再到无线电发明之后的电子传播。回顾人类的传播史我们可以发现，传播的媒介形态日趋丰富，而传播行为日趋自由。随着科学技术的发展，新媒体除具有传统媒体的传播特点外，还有自身的优势。

1. 传播行为更加个性化

原型的概念是由荣格（Gustav Jung）提出的，被誉为人类心灵的集大成之理论。人类的存在可以划分为一些模式，如父亲和母亲、成功者和失败者等人格角色和模式，这些原型先天就存在于人们的头脑里。虽然每个人有着不同于他人的想法和观点，不容易抓住共性，但其实都有着相同的原型。这也就解释了每个进行创造性活动的人都会发现自己总是不可避免地受到某个类型影响的

---

① 魏婷. 名声传播研究 [M]. 北京：西苑出版社，2021：116.

这种现象。"个性化"被认为是一个终身发展的过程，由此引导个体达到表示基本完整的人格整合。按照原型来思考新媒体传播个体的个性化行为具有实际价值。新媒体通过借助科技化的力量实现了更加自我化和个性化的传播。在新媒体环境下，移动终端这些新媒体实现的手段使得每个个体都可能成为信息的发布者，并且每一个个体都可以随意地借助其来表达自己的观点，传播自己相关或关注的观点。这样使得传播内容以及传播的形式等完全实现个体化和自我化。这种个性化的传播行为也带来了一定的负面影响，无限制化的自我化个体内容使得个人隐私得以泛滥，传播内容更加良莠不齐。这也给新媒体下的信息管理带来了不可小觑的挑战，对受众的信息筛选能力也提出了较高的要求。

2. 传播方式多元化

传统媒体的传播方式依旧是点对点、点对面的传播，这种传播是单向的、线性的、不可选择的。它集中表现为在特定时间内信息发布者向受众传播信息，受众扮演的是被动的接受者，信息发布的整个过程没有信息的反馈。整个静态的传播过程使得信息不具有流动性，这种单向的传播方式使得信息管理者更加容易去处理信息。相比之下，新媒体的传播方式更加多元化，这种多元化展现的是一种多点对多点的方式，并且整个过程是双向的、互动的。这就使得信息的发布者和受众都成了信息的发布者。例如，许多网上论坛贴吧发展十分迅速，原因就是文字的互动和交流使得每一个个体成为自己信息的主人，这就增加了信息发布者的归属感，同时这种文字的互动性也提高了受众交流的积极性，使得信息变得更有价值。信息传播的多元化使得信息参与者互动性和积极性高涨。

3. 传播内容交融化

与传统媒体相比，新媒体在传播内容方面更加丰富，将文字、图像、声音、影像等多媒体化成为一种趋势。随着无线网络的普及和移动设备的发展，移动终端在承担基本的功能外，还把浏览网页、视频通话这些功能集为一身，而这些功能的实现则是以互联网、通信网、广播电视网等多重网络的融合为基础的。另外，相对于传统媒体，新媒体使得传统的四大媒体（报纸、杂志、广播、电视）之间的界限被打破而变成交融的一体。

三、新媒体的分类

（一）网络新媒体

互联网诞生于1969年，互联网的特点不仅符合我们对新媒体的定义，互联网本身也在不断发展。目前它主要有门户网站、搜索引擎、在线报纸、电子杂志、虚拟社区、即时通信等。互联网电视是一种全新的技术，利用宽带有线电视网络、互联网、多媒体、通信等技术为家庭用户提供包括数字电视在内的各种互动服务。维客由沃德·坎宁安（Ward Cunningham）于 1995 年创建，这是一个超文本系统，可以在网上开放，可以允许许多人协同工作。这其中每个人都是一个读者，也是一个作者，可以浏览、改变、创造和参与创作。中国维客网站有"百度百科""互动百科"和"搜索百科"等，外国维客网站有"维基百科"等。对于播客，用户通过播客将自制的个性化的广播节目上传，网友将广播节目下载到自己的 iPod 或其他数码声讯播放器中，人们能随身收听。博客通常由个人管理，是一个网站，2007 年之后开始风靡世界。微博是一个基于用户关系的信息共享、传播和获取平台，用户可以通过电脑、手机等终端登录到自己的社区，可以传递不超过 140 个字的文字和图片、音频、视频等信息实时共享。

（二）手机新媒体

随着互联网前端的扩展，除了通信工具，手机已经进一步演变成手机新媒体。手机的发明主要是用于移动语音通话，随着手机的普及和移动技术的进步，手机已经从通信工具发展为大众媒体。人们不仅可以通过手机的使用互相交流，还可以登录互联网接收移动报告，收看手机电视，下载手机杂志等。毫无疑问，手机是符合新媒体基本特征的。目前手机已经融入通信、互联网、多媒体、娱乐、游戏智能工具，可以随时随地处理图像、音乐、视频等各种媒体格式，包括网页浏览、电话会议、电子商务、音视频接收。手机短信又名"短消息"，从传播学的角度出发，我们可以将其定义为"以文字这种符号系统作为主要信息负载者，以无线电波作为传播渠道，以支持中英文显示的数字手机作为信息接收终端的一种现代传播方式"。移动微博用户通过将安装在自己手机中的移动博客插件与用户 ID 及密码进行绑定后，便可以随时随地通过手机查看和发表日志、上传手机图片、与好友在线聊天、查看相册、音乐以及建立通讯录等。手机终端体现了"融合"的特色，被认为是继报纸、广播、电视和互联网之后的第五大媒体，以其良好的体验、迅捷而随时随地的传播与共享而深受大众的喜爱。

（三）新型电视媒体

数字电视是指从接收节目、编辑、存储、传输到信号接收、处理和显示的数字化系统的全过程。所有的信号传播都是通过 0、1 数字串的数字流传播的电视类型。数字电视信号损失小，接收效果好。数字电视可以分为地面无线传输、卫星传输、有线传输三大类。与传统电视相比，数字电视实现了观看模式的转变，即个性化点播选择、互动观看模式和全息家居信息服务平台。

需要强调的是，有些媒体虽然近年来也进入公众的视野，但它并不是新媒体，如公共汽车上的移动电视和建筑视频媒体。如果人们以新旧为判断标准，互联网确实不能被视为"新"媒体。但从媒体的发展标准来看，互联网仍属于与传统媒体不同的新媒体范畴。

第二节　新媒体新闻传播长尾效应

一、新媒体新闻传播长尾效应的概念

新闻传播介质与新闻载体也出现了很大变化，新媒体和传统媒体比起来产生了长尾效应，给新闻传播带来了更大的挑战与机遇。[①] 长尾效应这一词语最早出现在经济学领域。在长尾效应的概念中，有两个至关重要的部分："头部"和"尾部"。头部代表着主要需求，也可以说潮流需求；尾部代表着小众需求，具有零散性、个性化的特征。经济学的长尾效应指的是少量的、数量多的需求会形成一条长长的尾巴，而这些小众需求累积在一起会形成一个比流行市场还大的市场。相对于经济学中用于表现需求的长尾效应，新媒体中新闻传播的长尾效应有着不一样的表现。新媒体新闻传播的长尾效应表现为：新闻内容层次更加丰富、数量更加庞大。在新媒体中，有头部新闻，短时间内大众关心的重大新闻，如全球疫情新闻；还有数不清的尾部新闻，无数个体关注的小众新闻，如意外交通事故、健康养生类新闻。不同于传统媒体，新媒体能够容纳更多的新闻。此外，借助搜索技术，哪怕很小的新闻事件，受众也能够在短时间内快速定位到相关新闻。

二、新媒体新闻传播长尾效应的原因

相对于报刊、户外、广播、电视四大传统媒体，作为第五大媒体的新媒体有着前所未有的传播优势。同时，在传播市场对新闻工作者提出了更高的工作

---

① 姚华丽. 新媒体新闻传播长尾效应 [J]. 新闻传播，2023（15）.

要求、受众也出现了多层次的信息需求。新媒体平台提供了形成长尾效应的土壤等因素的综合作用之下，慢慢出现了新媒体新闻传播的长尾效应。

（一）竞争激烈的传播市场提出了更高要求

在传统的新闻传播模式下，新闻传播者起到了主导作用。新闻传播机构、新闻传播者决定了传播哪方面新闻资讯，传播什么立场的新闻资讯。哪怕某些新闻资讯并不被受众关心，仍然可以通过电视、报刊等大众传播渠道，传到受众的脑中。在这种新闻传播模式之下，新闻工作者更多是对新闻传播机构负责，而不是受众。

但在市场经济的环境之下，多类型、不同规模的新闻机构如雨后春笋般不断出现。受众有了更多的选择，选择自己感兴趣的新闻，而不是被迫接受不关心的新闻资讯。在这种情况之下，如果新闻机构想要保持长久的市场竞争力，吸引更多的读者，其就需要源源不断地产生更多的新闻，不仅需要产出应顺潮流的新闻，还需要产出满足小众群体的新闻。因此，长尾效应的形成有了"内容"土壤。数量足够多的新闻才能够在头部新闻之外形成一条长长的"尾巴"。

（二）现代生活环境让受众产生了信息需求

在出现传播媒体的大环境之下，大多数受众更多的是关心生存问题。在这种生存环境之下，大多数受众并不太关心外部世界。然而，随着经济水平的不断发展，人们的生活水平日益增高。相对于满足物质需求，越来越多的人开始主动寻求满足精神需求的方式和方法。人们关注的重心从如何生存，慢慢转变为了世界正在发生哪些变化。在这种需求背景之下，受众不满于只了解主流的新闻资讯，还想了解个性化、小众化的新闻资讯。受众对新闻资讯有了更丰富的需求，就越发需要新闻工作者生产更多的新闻，进一步加快了"长尾效应"的生成速度。

（三）网络技术为长尾效应提供了技术土壤

想要形成长尾效应，关键在两点：一是新闻传播平台有足够多的新闻资讯。不管新闻资讯是大众群体关心的还是小众群体想了解的，受众几乎都能够看到相关的资讯；二是受众获取新闻的门槛足够低。不管受众的经济水平是高还是低，大多数受众都能够通过某种渠道了解到相关的资讯。

随着互联网技术的普及，人手一部手机已经变为了现实，这样受众几乎都能够通过手机了解到相关的新闻。此外，手机技术的不断更新，如手机触屏技术使操作手机的门槛越来越低，这样大多数受众都能够操作手机。正是不断革新的新技术为长尾效益提供了技术的土壤。

三、新媒体新闻传播长尾效应对新闻工作者的启示

从长尾效应的概念出发，到探究形成长尾效应的原因，了解了长尾效应之后，就需要探索如何利用长尾效应，更好地为新闻传播注入更有力的力量，从而为新闻传播提供新的生机与活力。而长尾效应的关键点在于长长的尾部，要想形成长长的尾部：一方面需要从新媒体的技术出发，给长尾效应提供高技术的渠道土壤。另一方面，需要从新闻传播的内容出发，给长尾效应提供高营养的内容土壤。

（一）新闻工作者需要不断产出更丰富的传播内容

在传统的传播技术中，大多数新闻工作者主要以文字为载体，向受众传播大众普遍关注的信息。而如今依托于互联网技术的新媒体，新闻资讯可以以视频、音频为载体传播信息。以如今广受大众欢迎的短视频为例，大部分短视频的时长在几十秒到三、四分钟不等。在高速发展的新闻传播时代，市场、受众都对新闻工作者有了更高的标准。更高的标准指的是更多的、更能满足受众信息需求、信息载体更加丰富的传播内容。因此，新闻工作者需要从受众的信息需求出发，不断挖掘受众感兴趣的新闻资讯。

（二）新闻工作者需要不断探索多样化的传播渠道

在传播媒体中，大多数新闻工作者为报刊服务，少部分从业者为电视台、广播台服务。在这种生产模式之下，传播渠道主要集中在报刊、电视、广播，少部分集中户外。而如今新的传播渠道给新闻工作者提供了新的机会。想要增长长尾效应"长长的尾巴"，人们不仅需要更多的传播内容，还需要更多的渠道为尾巴提供丰富的营养。[①]

依托于新媒体技术的传播渠道，要求新闻工作者秉承着两个标准。这两个标准指的是：渠道数量多、渠道类型多。渠道数量多这一标准要求新闻工作者传播新闻不能够局限于报纸、电视等渠道，可以尝试更多的新媒体渠道，如网易新闻、今日头条等。渠道类型多这一标准要求新闻工作者传播新闻不能局限以文字为载体的渠道，可以尝试以音频、短视频为载体的渠道，如喜马拉雅、

---

① 夏菁. 新媒体新闻传播的长尾效应 [J]. 传媒论坛，2020（15）.

抖音等。

总之，在新闻传播过程中，传播者（如记者、自媒体等）要时刻保持警惕。一方面，传播者需要利用长尾效应的特征，丰富传播内容和传播渠道，做到客观地公正地记录新闻事件，保持正面立场传播正能量的新闻消息。与此同时，被传播者也要警惕一部分误导者的恶意误导，善用新媒体平台，不偏听偏信片面的真相，主动地挖掘新闻全貌，做到不知全貌，不予置评。

第三节　微博、微信公众号与新闻传播

一、微博与新闻传播

（一）微博新闻传播的特征

（1）爆发性传播。传统的新闻传播方式是一种点对点或者点对面的自上而下的单向传播；微博新闻传播是一种多对多、面对面的传播模式。通过网友的关注、转发以及评论，比较重大的新闻信息可以在短时间内迅速地进行病毒式爆发性的传播。

（2）随时性传播。传统的新闻报道一般要经过记者的采访，然后写成稿件，经过三审后才能发布面世。而在微博中传播新闻是随时随地的。手机和通信技术的广泛使用使普通网民随时都能发布身边的信息，成为临时的新闻报道者，或者被称为公民记者。在传播渠道上，网民可以通过多种方式随时发布微博，如桌面客户端、手机客户端、iPad 客户端等。这种传播渠道的多元化更有利于微博用户即时发布和更新信息。

（3）多源头传播。在发生重大新闻事件的时候，目击者、经历者和旁观者都可以通过微博平台发布信息，信息的传播呈现多个源头的特点。而多个源头的信息发布可以使微博用户从多个角度了解新闻信息，并且互相验证。这也有利于形成集合传播的强势，推动信息的传播力度。

（4）互动性传播。传统的媒体传播是一种自上而下的单向传播，互动性较弱，用户是以受众的身份存在的。即使可以用读者来信或者热线电话的方式反馈信息接收的情况，也因为时间上的滞后而丧失效果。而在微博新闻传播中，微博用户不仅仅是信息的接收者，他们可以进行即时的互动、交流、评

论，或者补充提供相关信息而成为信息的发布者。这种即时的互动交流可以大大提高热点问题的关注度和影响力。

（5）碎片化传播与多源性信息整合。微博传递的新闻信息往往是碎片化的。首先是因为微博发布信息的字数被限制在 140 字以内，在这样的框架之下很难完整地描述新闻事件的始末。作为公民记者的微博用户，由于绝大多数都缺乏新闻报道的专业素养，所以记录新闻事件的时候也往往不够严谨系统，而且由于即时发布信息，公民记者也很难了解事件的全貌。但是当一事件成为微博新闻热点之后，此事件的耳闻目见者在通过关注和转发评论之时，也会附带将自己对此事件的了解发布上来，从而由多个信息源头呈现事件的各个侧面，完成信息的多源性整合。

（二）微博新闻传播的局限

（1）140 字的字数限制，对新闻信息内容的容量有了形式上的限制，进而影响到内容的完善表达。在微博上传递新闻信息，信息往往是碎片化不完整的。这样既影响到内容表达的系统性，又影响到逻辑上的严谨。

（2）信息的真实性、权威性无法考量和验证。微博上首先曝出的重大新闻事件很容易招致人群的聚集和信息的广泛传播，但是人们在疯狂转发和评论的同时却往往对微博新闻信息的真伪不作要求。其原因：一是微博上的网民用户有平等的观念，容易相信和自己同为草根的其他网民发布的信息；二是作为普通网民，验证其他网民发布的信息基本是不可能的，所以也不作要求；三是网民的媒介素养没有达到一定的层次，对媒介信息是依赖的而不是怀疑的。正因如此，微博传播的新闻信息可以说是海量存储。而网民不择精粗地围观和传播对微博中不实信息的传播更是推波助澜。但是又因为缺少把关，一部分对于传统媒体而言谨慎发布或者不能发布的敏感信息，又能以真实的面貌出现在微博上。

（3）微博信息传播的即兴化。在新媒体新闻事件发生之后，注重个人主义，不参与互动和交流的是围观的看客，这在网民中占据很大的比例。而推动新媒体新闻事件传播的则是有着相似的情感和经验而大量集结的群众。他们相互感知、相互呼应、相互认同，共同推动了新闻事件在民众中的传播。我们要注意的是，这部分群众是因为有着相似的情感和经验而集结，情感在他们传播新媒体新闻事件的过程中起着很大的作用。大众自传播过程中很少看到理性的影子。

（4）微博新闻信息零碎庞杂，没有系统和分类。传统的新闻报道，乃至网络新闻，新闻的分类做得比较细致和到位。在传统的报纸中，新闻会被分为重要新闻和一般新闻。最重要的新闻会放在头版头条，而一般新闻可以放在除了头版之外的其他版。在报纸中，还会对不同类别的新闻设置专版，如报纸中设置经济新闻版、娱乐版、体育版等。而新闻门户网站的首页会用导航条的方式分列新闻的各个门类网页中也会用线条来区分出不同的板块，把新闻的各个类别分别归置。但是微博新闻没有任何分类，完全是随机的、随时的，没有指向明确的目标受众。

（5）微博信息多元，容易出现网民面对如此多元的信息莫衷一是、将信将疑的现象。但是微博又因此成为一个真正的意见的自由市场。因为微博的用户匿名化，不用顾忌现实的利害，因而各种冲突和对立的意见都能够在微博平台上交锋，有利于给网民提供更多的线索和更大的表达空间。

二、微信公众号与新闻传播

（一）微信公众号在新闻传播中的应用价值

1. 传播内容多样化

在传统新闻传播实践中，新闻媒体主要通过纸质媒介传播文字、图片等信息内容，传播形式较为单一，并且图片和文字都有一定的数量限制，无法满足融媒体时代背景下的新闻传播要求。在新媒体背景下，新闻工作者借助微信公众号传播新闻信息，可以适应新闻信息多样化的发展趋势；微信用户可以根据自身的爱好、需求检索并关注公众号，这样无疑能够大大提升他们的体验感。相较于传统媒体，微信公众号等新媒体平台的信息传播形式更加多元化，新闻工作者利用微信公众号传播新闻信息时不会受到时间与空间等因素的限制，时效性更强。新闻工作者可以优化整合文字、图片、音视频等多种形式的新闻素材，这样不仅能够丰富新闻传播的形式和内容，方便受众理解新闻内容，还可以大大提升新闻传播速度，促使受众能够在第一时间了解到最新的新闻资讯。如今，越来越多的企事业单位开始借助微信公众号进行品牌宣传推广，建立官方微信公众号，将各类信息发布上传至微信公众平台，以便用户可以利用碎片化时间浏览自身感兴趣的产品信息，并完成线上实时互动交流。除此之外，微信公众号还有保存历史浏览记录的功能。因此，每个用户都可以找回自己遗漏的重要信息，避免新闻信息推广受限的情况发生。

2. 受众定位明确

相较于其他社交媒体平台，微信本身更加具有私密性，只有相互是好友才能够向对方发送信息。微信公众号亦是如此，只有用户关注了某个微信公众号，该公众号才可以向用户推送各项新闻信息。由此可见，微信公众号在新闻传播中的应用能够有效避免广告信息和无用信息的泛滥，同时，微信公众号可以利用其后台权限，防止该类问题的发生。而固定类型的受众则可以促使新闻媒体在利用微信公众号进行新闻信息传播时，科学准确地划分受众，根据受众的爱好及需求，为他们推送感兴趣的新闻信息。微信公众号用户日常所接收的推送信息都是按照他们的个人喜好进行智能筛选的结果，受众定位明确的应用优势是微信公众号得以在新闻传播领域快速发展的一个重要原因。在此基础上，各类新闻信息能够被传递给真正需要的受众，这样无疑能最大限度地发挥出新闻信息本身的传播价值。微信公众号管理人员可以利用移动设备将最新加工编辑好的新闻信息推送给关注者，促使他们及时获取最新的新闻资讯。

3. 维护新闻媒体与用户之间的关系

在现代社会，新闻媒体可以借助微信公众号更好地维护其与用户之间的关系。新闻媒体工作者除了可以在微信公众号上及时向用户推送他们感兴趣的新闻信息外，还可以与他们进行实时互动交流，邀请他们参与新闻传播评价活动，发表各自的意见和观点。这样有利于营造良好的公众号互动交流氛围，促进用户与平台、用户与用户之间的互动交流。基于微信公众号关注者反馈的各项意见及其日常浏览行为相关信息，新闻媒体能够准确及时地了解掌握大多数用户的实际需求，从而优化改进该公众号的新闻传播内容与形式，满足他们的不同需求，提升微信公众号用户的日常活跃度，发挥微信公众号的营销推广价值。微信公众号在新闻传播中的合理规范运用能够拉近新闻媒体与用户之间的距离，这是传统纸质媒体所不具备的新闻传播优势。[①]

4. 挖掘新闻信息内涵

利用微信公众号进行新闻传播，除了能丰富和创新新闻传播的内容与方式，拉近新闻媒体与用户之间的距离之外，还有利于用户挖掘新闻信息的内涵，使其全面深入地了解新闻事件的真实情况。如今，越来越多的新闻媒体建立了官方微信公众号，利用公众号向关注者推送最新的社会热门新闻事件，并加入新闻工作者独到的见解。用户则可以自行深入挖掘新闻事件的起因、过程以及结果，并与公众号管理者进行互动交流。新闻工作者在微信公众号上围绕该事件进行深入跟踪报道，使用户能够随时随地关注了解新闻事件的后续发展。新闻工作者在收集整理新闻素材时需要注重挖掘新闻信息的内涵，基于不同视角对社会现实问题进行深入探讨与分析，科学全面地揭露社会真实事件的发展动态，充分展现不同阶层用户对该事件的看法。这样有利于提升新闻信息

① 谢宛彤. 微信公众号为新闻传播增光添彩［J］. 文化产业，2023（21）.

的全面性、专业性以及真实性。新闻媒体可以借助微信公众号开设不同类型的栏目，根据栏目特点优化整合各类新闻素材，为用户推送具有一定价值的新闻信息，并与用户进行实时互动交流，为他们答疑解惑，帮助他们深入了解新闻信息的内涵。

（二）微信公众号在新闻传播中的应用模式

1. 借助微信公众号加强新闻传播互动

在微信公众平台上，每个用户都有选择关注某个公众号的权利，他们可以完全按照自身的爱好需求，自主选择想要关注的对象和想要浏览的新闻信息，避免受到那些无用信息或广告信息的干扰。微信公众号正是凭借这种自主性和封闭性赢得了众多用户的长期认可和青睐。新闻工作者在利用微信公众号传播新闻信息时，要重视加强与用户之间的互动交流，可以在公众号上创建用户评论区，方便用户根据自己浏览的新闻信息进行留言，发表自己的观点与见解，并对新闻信息进行转发分享，扩大新闻信息的传播范围。这种方式能够加强新闻传播互动，促使新闻媒体官方微信公众号的影响力不断提升，从而吸引更多的用户关注，帮助用户获取其感兴趣的新闻信息。除此之外，在微信公众号日常运营管理工作中，新闻工作者还可以综合采用同步直播、转发集赞领奖品、参与评论抽奖等方式获取更多潜在用户的关注，提高新闻信息的阅读量和转发量。至于那些有关国家时政的公众号，则可以采取更为严肃的方式与用户进行互动，如中央电视台在播放新闻节目时，可以将官方公众号的二维码放置在屏幕下方，方便观众扫码关注，并与后台工作人员进行互动，促使用户能够及时获取各类新闻事件的跟踪报道情况。

2. 借助微信公众号树立良好的新闻媒体形象

新闻媒体在利用微信公众号进行新闻传播时，要注意采集整理真实可靠的新闻素材，并对其进行优化编辑，融入新闻工作者独到的见解。这样有利于提升新闻传播质量，在用户中树立起良好的媒体形象，为新闻媒体培养更多忠实用户，提高微信公众号的市场受关注程度。例如，如果微信公众号的用户主要是中青年男性，那么公众号管理者就可以通过设置头像、改变新闻播报语气以及推送科技、军事、时事政治以及国际社会新闻等方式，激发男性用户对公众号的兴趣。新闻工作者要借助各种渠道收集新闻素材，并对素材进行深度加工，挖掘出其中蕴含的更多信息，创作、发表文章，供公众号关注者浏览阅读，扩大新闻传播的范围。

3. 借助微信公众号提升新闻传播的时效性

利用微信公众号进行新闻传播，能够帮助新闻媒体提升新闻传播的时效性，使新闻传播不再受到时间与空间等因素的限制。新闻工作者在利用微信公众号开展新闻传播活动时，需要对相关信息进行优化选择，结合公众号用户的需求特点与浏览行为合理选择他们感兴趣的素材，并对其进行编辑加工。这样才能吸引用户长期关注，使其愿意将公众号推送给他人，从而帮助新闻媒体积累更多潜在用户。而如果新闻工作者选择的话题、素材不合适，那么不仅无法使微信公众号有效吸引更多新用户，还会造成大量老用户的流失。从当前我国微信公众号的关注群体来看，绝大多数用户为中青年人，他们对娱乐、时政、历史、科技、艺术、文学等内容更感兴趣。因此，在新闻传播过程中，新闻工作者需要根据目标受众的爱好及需求，推送与他们密切相关的新闻内容。除此之外，微信公众号的管理者还需要加强与用户之间的互动交流，做好咨询服务工作，为其推送新闻事件的后续发展动态，提高新闻传播的时效性。这样有利于增强该公众号的用户黏性，避免用户流失。

4. 借助微信公众号加强新闻深度报道

微信公众号（简称公众号）是目前热门的宣传通道。[①] 在新媒体时代背景下，人人都可以利用移动设备上网获取新闻信息，信息碎片化趋势日益显著，这对传统媒体的新闻报道工作提出了更大的挑战。为了吸引更多受众，新闻工作者必须借助新媒体平台展开新闻的深度报道。新闻媒体借助微信公众号加强新闻深度报道是极其有必要的，虽然当前人民群众在日常生活中接收的信息较为表层化，但是其有追求事件真相的权利。因此，新闻工作者要在微信公众平台上展开新闻事件的深度报道，其作为一种深入挖掘并阐明事实真相的新闻报道方式，更多的是挖掘新闻事件背后的故事、前因后果以及未来的走向。传统媒体在建立运营微信公众号的过程中，要充分发挥自身的权威性，利用好自身良好的社会形象，在报道社会热门事件时加入新闻工作者的独特见解，为受众提供具有更高新闻传播价值的独家报道，以此有效提升新闻传播内容的质量，增强用户黏性。微信作为当代中国的主流社交媒体，凭借广泛的用户基数和较强的用户黏性，能够最大程度地促进新闻传播。为了充分发挥微信公众号在新闻传播中的价值作用，新闻媒体需要加强新闻深度报道，一方面要收集整理大量有价值的新闻素材，另一方面需要优化整合素材，进行编辑加工，生成高质量的新闻报道，这样才能吸引更多用户。

目前，越来越多的人依赖微信这一社交软件进行学习、工作、生活。在新闻传播实践中合理运用微信公众号，不仅能帮助新闻媒体打造出良好的品牌形象，还可以方便新闻媒体向用户及时推送他们感兴趣的新闻信息，大大

---

① 邓剑勋. 移动互联网产品研发　高职［M］. 西安：西安电子科学技术大学出版社，2021：122.

提升新闻传播质量，赢得更多用户的长期支持。因此，新闻媒体需要借助微信公众号开展高质量的新闻传播工作。在利用微信公众号进行新闻传播时，新闻工作者要注意创新完善新闻传播内容，根据用户的实际需求为其精准推送新闻信息。

第四节　基于新媒体的新闻传播特点、优势和策略

一、基于新媒体的新闻传播的特点

（一）时效性

伴随着我国经济与科技水平的不断进步，在重大新闻事件频发的同时，群众也想要更加深入地了解国际形势，因此，群众对新闻的时效性需要愈发高涨。对于新闻传播者来说，新闻发布得越早，那么传播效果就越好。如今，新闻传播时效性已经成为所有媒体工作者的重要追求，每个人都在努力保持着新鲜感。在以往的媒体传播中，人们获取新闻的重要途径是电视新闻和报纸，但报纸往往只报道过去或很久以前的事，无法及时向受众提供有效信息。这同样适用于电视新闻，电视新闻只是简单地报道和总结事件，人们无法获得直接的信息，但看报纸或电视新闻时，若事件过去很久，甚至已经得到解决的办法，导致受众无法及时发表自己的意见和建议。可见新闻传播的时效性是群众最为关心、最重要的问题。伴随着新时代的到来，群众能够运用互联网来接收、传播信息，使新闻传播更加快速便捷。网民可以利用媒体的便利性。看到信息传播的目的、世界某个角落发生的事情以及相关报道等。这样当人们获得新闻信息时，新闻与事实之间的距离就会缩小，新闻的时效性进一步提高。这促进了人们对事物发展和变化的认识，人们可以根据自己的趋势做出更多的猜测，更能提高受众决策的准确性。

（二）互动性

在新媒体时代，各行各业的快速发展都离不开互动，新媒体的互动性能够极大地增强人与人之间的交流与合作，将曾经繁琐的程序变得更加方便快捷。例如，传统新闻传播是以纸质作为媒介，在传播的过程中不仅更加容易损坏，

而且新闻不具有互动性的特征。传统媒介受众需要花钱购买报纸，尤其是一些偏远地区，接收到新闻时可能距离事件发生已经半月之久，群众无法及时地反映自己的意见及建议，看到新闻也只是了解到，并没有真正参与到信息传播过程中，更别提充足的互动。如今，新媒体遍布大街小巷，智能设备的产生直接影响着人们的生活习惯，群众可以在社交软件上及时发布信息、探讨信息，这大大体现出了新闻传播的互动性。

（三）全媒体化

全媒体化作为当今新闻传播中最为重要的一点，在新闻传播理论研究中起着极其关键的作用。20 世纪 80 年代，传统的信息传播方式较为单一，主要以电视、报纸以及广播等为主。但处于新时代，人们早已摆脱了传统传播媒介的束缚，朝着更加全面化的新闻传播方式进行。一是通信手段无处不在，人们发送新闻的方式已经从传统的文字和照片转变为大量的动画图像。这可以增加所有年龄段的人对新闻的兴趣。二是新闻传播的媒介发生了重大变化。伴随着我国科技水平的不断进步，市面上逐渐出现了多种多样的电子设备，人们手里拿着一部智能手机已经很常见。使用这样的新闻传递平台不仅可以顺应现代人的阅读习惯，还可以丰富人们的新闻阅读方式，使人们可以轻松、快速地了解各种新闻信息。

二、基于新媒体的新闻传播的优势

（一）新闻传播者与受众关系发生了变迁

在传统的媒体时代中，推动新闻活动开展的主要推力就是社会分工与工作事业性质，新闻的发现与及时进行文字编写转述，依靠的都是一群受过新闻媒体学专业训练的职业新闻传播者。普通人缺少专业文字功底，几乎难以编写出能通过新闻刊物审核的省市新闻，这也就导致了非新闻相关专业人士几乎无法胜任传统新闻传播者的角色，两者也就几乎不存在互换角色的可能。这也就形成了传统媒体时代中新闻传播者与受众的对立状态。然而，随着互联网技术的发展，新媒体时代中的新闻传播媒介由报纸变成了如今遍布整个互联网的新闻传播软件，人们只需要轻触即可完成新闻的阅读与评论过程，经济成本与时间成本大大降低。而且新闻的发布不再强调专业人士的参与，而是为了符合当代快节奏的生活需要，鼓励普通人通过通俗易懂与视频相结合的方式来进行新闻推广与传播。这在很大程度上改善了新闻传播者与受众的对立关系，逐渐变迁至如今新闻传播者与受众相统一的关系，人们几乎不再关注传统媒体的单向主导传播方式。目前，绝大多数人是通过自己的手机、电脑等获得最近发生的新闻，这种变化完全改变了传播者、受众的关系，也证实了两者对立统一的过程是不可逆的。

（二）新闻传播者与受众拥有平等的话语权

传统媒体时代中新闻传播者以从业者的角度为新闻集团服务，所筛选与编写的新闻文稿往往是站在符合公司及少数人利益的角度出发，绝对不会触碰红线。除了国家权威新闻媒体以外，读者与受众只能接受，难免会收到一些假新闻的影响。互联网新媒体的出现打破了以往由传统纸质媒体垄断的新闻市场，并且无论是新闻传播者还是受众都按照各自的想法参与到新闻传播过程中，互换角色并交流想法，而且为了契合最广大人民群众的需求。新媒体时代下的新闻传播平台也会采纳能引起共鸣的新闻素材，这个过程极大地促进了新闻传播者与受众之间对话的平等性。①

（三）新闻受众的话语权不断得到增强

新媒体时代中新闻的传播与推广依赖的是广大的群众基础，互联网不仅提供了更为便捷的新闻阅读方式，而且也带来了更为剧烈的同业竞争。新闻的传播只要不触犯法律与道德底线，几乎没有门槛限制。这就导致所有互联网中的新闻媒体平台会极为重视新闻阅读量与评论区的留言板块。新闻受众的阅读感受以及建议很大程度上决定了新媒体的发展方向以及新闻素材类型的选取，所以新媒体时代中新闻受众的话语权得到了空前的增强。

（四）新闻传播主体变得更加多样化

传统媒体的新闻传播方式已经不受重视，新媒体特有的没有专业限制的传播方式吸引了所有群体的关注，有各种其他专业技能的新闻传播者以自己的方式去发掘及制造新闻，博取广大群众的共同关注。新闻工作者共同开发新媒体的功能，并发展出了一批以直播生活新闻、热点新闻解读以及利用新闻传播专业知识的新闻传播者。生活中新闻传播者的影响无处不在，甚至推动了新媒体新闻传播的常态化发展，这种发展模式脱离传统新闻传播模式。多样化传播方

① 董素青. 新媒体时代新闻传播主体的变迁 [J]. 卫星电视与宽带多媒体, 2021 (7).

式自成一派，新闻传播主体依据自己的个性与能力传播时，也附带了强烈的自主意识，为新闻行业带来了新鲜的血液与强大生命力。这从根本上优化了新闻平台的运营、管理模式，实现多样化发展。

三、基于新媒体的新闻传播的策略

（一）深入了解互联网的内涵

近年来，伴随先进科技的快速进步，网络也在大数据、人工智能下发展得越来越快。在当今的信息革命下，人类正在经历重组生产关系的形势，并且正式步入到互联网信息新时代。在网络的深刻影响下，大众也在大幅改变着生活方式。网络并非仅投入使用到某领域，还有进一步融合军事、全球关系、政治、经济，并且在很多行业中均随处可见网络的应用。当前的网络已经应用于人类社会的方方面面，且充当不同领域发展前进的动力，形成了诸多新形态，如网上金融、政治、军事等。从以上领域都有融合互联网，并且获得新的创新成果，并以此促进国家的进一步发展，加快产业的升级换代。网络已经逐渐发展成为整个社会前进的基本架构，并且大幅改变着人们的生活方式，也能够发挥人类发展新里程碑的作用。

在社会表达上讲，网络极大地改变了民众的生活方式。当前人人均既能够接收信息，又能够转发信息，还能够从网上自由发表想法，并且充当信息的生产者。这样便可以形成有别于传统社交旧媒体的传输网，从在网络平台上可以大量流转信息，构成开放讨论言论的地方。在网络的促进下，当今社会迅速转型，在国际社会日益加剧转型的情形下，也在进一步深化改革社会。在社会分层、利益分化、经济矛盾、技术赋权的影响下，人们可以从互联网平台上通过图文、视频等抒发自己的情感、描绘自己的所闻所见，并营造出一个复杂、系统的舆论环境。

（二）创建事实核查机制

从社交媒体上，用户能够自主发布内容。通过微视频、博客、微博，每个人均可以从网络平台上针对某件事情发表自身的看法，进而扮演信息的制造者及接收者。目前，基于智能传播有机地整合了机构媒体、自媒体、传统媒体，并分发到广大用户，进而打造成信息海洋。但是，用户制造的内容明显不同于传统媒体，该革命性改革也赋予了大众更多的话语权，人人均能够自由发表己见。然而，以上环境下也会出现了许多的问题。这是因为大多数用户并未受过专门的训练，因此在考证编辑信息上往往会出现很大的隐患。大多数用户在编辑时并未思考信息来源的真实、准确与否，也未经专业化的训练。加之社会团队和有些自媒体在考量某些层面上，随意剪裁信息甚或刻意歪曲事实，以至于大批量涌现虚假信息。最终，人们往往不再考虑事实的真相，而只是单纯地表达自己的看法、观点。在这样的舆论环境下，无疑会从某种程度上威胁到社会的和谐发展。当前，需要就相应的一系列问题，迅速建立起科学的事实核查制，并需严格监管整个网络。①

最开始的事实核查机制属于媒体的内部的一种行业规范与信息编辑机制。最先出现的事实核查制属于时代周刊统一创刊号所建的，交由事实核查队伍核实新闻内容，准确评估新闻的准确性。历经一段时期发展以后，也开始大范围普查事实核查。当前在互联网社交媒体上，也有通过相应的方式，研习从社交媒体、自媒体上出来信息的真实性，这属于目前很有价值的工作。不同于早年事实核查新闻内容的方式，其中的对象为社交媒体、自媒体，会核查相应的内容，并公示事后核查结果。其中意欲辨别各种信息真伪，力争揭露事情真相，进而强化信息真实性，展现给大众整个事件的原委。国内事实核查新闻内容的工作已经启动，一些媒体开启了事实核查新闻传播模式，用以评估新闻的真实度。在这个过程中，新浪微博、新华社等纷纷有核查内容，并且及时澄清了有关不实的信息。腾讯于2015年也开设《较真》栏目，并举措对信息核实时，也会有所下调事实核查体系的准入门槛，并从各平台上展开事实核实以防传播大量虚假信息。

在创新舆论引导机制时展开事实核查活动，强化执行力度。在这个过程中，国内有向发达国家借鉴参考对方在新闻事实核查上的方式、经验，并利用自身在新闻工作上的优势，结合传统媒体的专业优势大幅提升了执行事实审查的工作力度，并从中获得了很理想的效果。针对事实核查，新媒体借助云计算、人工智能、大数据等技术搭建了更专业的事实核查工作平台，并且有效仿"国际社交媒体传播情智部门"，联系上新旧媒体、各领域力量，一起形成专门的第三方专业事实核查部门。基于相应的开展方式，能够引领事实核查体系更为规范化、制度化、专业化。

① 刘骏庆，王鹏. 新媒体与新闻传播机制创新［J］. 卫星电视与宽带多媒体，2022（3）.

（三）推行多元信息供给制

在国内社会经济增长、先进科技不断进步的环境下，得益于大量先进科技的支持，新媒体技术实现了打破时空框桎传播信息的模式，而且传播速度也更加高效。在新时代下，人们的言论更加开放，互联网演变成信息交互平台。这里面充斥着各式各样的信息，从海量的信息中大众往往难辨真伪。所以，便应做出舆论引导，并且强化事实核查制，结合工作具体情况逐步完善、改进事实核查制，以之为一项制度保障来多元供给信息。

自改革开放以后，国内社会经济增长较快。在这个过程中，我国还先后颁发了许多有关信息方面的政策方针。其中主要进行的是如实报道，需要及时报道重大人类自然灾害，如地震、水灾等。就此还会随后即实行政务公开制，在多举措并行的情形下，国内信息越来越多样化且变得更加开放。当前国内有大幅提高信息的量和透明度，整个国家均很重视对公开发布信息的进一步完善工作。同时，各地也在积极培训公开发布新闻信息方面的知识。然而，纵观实际情况可知，总体上的执行效果不甚理想。许多媒体往往受"大事化小、小事化了"的影响展开工作，而降低信息的真实性。目前，在缺失权威信息的环境下，让社交媒体、自媒体存在很大的传播空间，就此应该积极深度供给信息。除了政府应严格管控信息传播、正确引导舆论、增强信息公开力度外，传统媒体也应利用好自身的职业优势，报道更多、更广泛、更优质的分析性、调查性信息。

（四）加强前沿热点的研究

新闻传播作为应用领域，肩负着阐释新闻传播现象、总结新闻传播的特点和规律，为新闻传播行业的发展和创造提供专业智慧的使命。任何一个领域的产生、存在和发展都是由于该领域客观现实的不断发展变化和该领域理论需求的出现。这是在理论创造层面预测实际需求。同时，这一理论的创立旨在更好地解决实际问题，这些问题是所有领域产生和发展的本质和动力。当然，新闻也不例外，新闻传播理论的创造性来源于新闻传播的生动实践，它必须经受新闻传播实践的检验。在数字化时代，关注新闻传播领域的边界和热点问题，当然是当前新闻传播理论研究不可分割的一部分，也是不可避免的责任。特别是由于新媒体技术的飞速发展和热点事件的频繁发生，传播手段和技术突飞猛进，新闻传播领域发生了不可动摇的变化。①

这场传播技术的革命对于新闻传播来说是一次难得的机遇。因为可以利用这个机会，积极增加新闻传播的理论创造力，使整个社会、整个世界都在聚光灯下，成为新闻传播领域的驱动力。同时，边界热点问题的研究成果反映了新闻传播理论的创新水平。在许多前沿热点问题的研究中，中西方处于同一起跑线上，可能没有现成的理论可供参考和应用。这些与以往"引入"模式的变化，对本土化理论提出了要求。同时，它将我们的研究直接推向了国际边界，这就要求研究人员具有较强的理论创造力，从理论层面深入研究前沿热点问题，构建及时响应的理论体系。如果抓住机遇，新闻传播领域的理论创造力将大大增强。

（五）以技术为支撑创新新闻传播的模式

在新媒体时代，新闻传播产业要想取得好的发展就必须完善信息沟通模式和机制创新。目前传统的电视传输方法，即通过电缆进行的点对点传输已被广泛使用。然而，随着移动互联网的快速发展，点对点交付不敏感。新闻传播机制、创新传统机制、创新新闻机制下，创新发生了革命性的演变。信息传播模式日益移动化、便捷高效、兼容所有媒体、传播结构化创新和流媒体。最具代表性的是微博、官方微信账号和各种媒体 APP。我们可以从宿主新闻传播以这样的状态运行机制创新，从而提高媒体本身和总体的使用率。在当前的高速发展下，新闻广播的价值在很大程度上取决于数据的收集。媒体报道的规模正在扩大，媒体的代表性越来越强。这是因为媒体更敏感，可以为公众提供一个大的互动空间和平台，以便公众可以在第一时间进行重要事件的交流和传播。除了当前观众各种发展需求的趋势外，流媒体平台因其个性化和娱乐化的特性而受到大众的追捧，它可以浓缩人们的生活，填补现代人快节奏生活之余的空隙，增加工作量。传统的通信模式有很多缺点。如果继续遵守规则，它将无法再满足社会大众的需求，并不可避免地被市场排除在外。

（六）不断新闻工作者的综合素质

在新媒体时代，社会对记者的要求很高。信息的传播不仅要及时，而且要遵循相应的法律法规。因此在新时代，记者必须严守职业道德，坚守事实，努

---

① 王莉，孙国海. 新媒体新闻传播理论研究 [J]. 新闻传播，2022（10）.

力为人们提供最准确、最可靠的信息。记者应以人民服务为主体，积极提高自身素质，保持本心，在舆论的洪流中，消除歧义，还原所需要的真相。作为新时代的记者，记者必须顶住来自各方的压力，这种勇敢、果断、诚实和对公众负责的精神，是优秀记者需要具备的精神。新媒体时代要加强记者专业培训，加强媒体素养建设，将思想道德和职业教育融入新媒体创作活动中，不断提高记者综合素质。此外，我们可以培养行业内优秀的人力资源，组织会议和讲座，使其能与优秀人才进行有效沟通。这些对于与新媒体相关的信息传播的创新和促进是必要的。①

---

① 王靓. 新媒体与新闻传播机制创新［J］. 爱情婚姻家庭，2022（3）.

第七章　短视频与新闻传播

随着移动互联网的快速发展，包括自媒体在内的新兴媒体逐渐渗透到了社会生活的各个领域，对人们的思想和行为产生了潜在的影响。新闻传播的传播方式也在悄悄发生着变化。短视频的出现为新闻传播打开了一条全新的途径。短视频的兴起在一定程度上加速了新闻的传播。伴随着短视频频率的持续创新和变革，这种新型的传播形式越来越受到人们的欢迎。短视频和新闻相结合为新闻传播的发展提供了广阔的空间。本章将简要叙述短视频与新闻传播相关的知识。

第一节　短视频概述

一、短视频的定义

短视频指的是时长为 10 s~15 min 的短片视频，是一种创新的互联网内容传播载体，其可以利用移动智能终端设备（手机/运动相机/无人机等）快速拍摄并美化编辑，在互联网上实时分享、快速传播，适合人们利用零碎时间在移动网络环境下观看。随着移动终端的普及和网络的提速，短视频的大流量传播内容逐渐获得各大平台、粉丝和资本的青睐。

一、短视频的特点

短视频不同于微电影和直播，顾名思义，短视频以"短小"见长。短视频有以下六个特点：

（一）时长短

"读秒时代"是短视频出现诞生的概念，可见短视频是按秒计算。"麻雀虽小，五脏俱全"，优质的短视频可以做到有效浓缩内容，避免因为流量限制而影响传播。

（二）制作简单

短视频制作门槛低，无需传统的专业拍摄设备，依托智能终端就能做到。即拍即传的特点使短视频得以快速流行。当然，也有一些团队追求精致的短视频制作，会在创意方面多花些心思，但究其本身，内容是最重要的。

（三）便于社交

从传播渠道上看，短视频主要通过各大社交平台传播，如用户在抖音上分享内容，然后在评论区互动，在沟通互动的过程中，把自己认为好的东西分享给他人；抖音还推出了"抖音，记录美好生活"的品牌广告。

（四）主旨明确

短视频虽然时长短，但是它的内容并没有被"粗制"，所谓"浓缩的是精华"在短视频领域也同样适用。

（五）快餐式传播

随着 5G 网络的普及，利用休闲时间浏览媒体软件逐渐成为现代人不可或缺的一种生活方式。有效利用碎片化时间是人们筛选信息的标准之一，如很少人会用 15 分钟的休息时间去看一集电视剧，但有人会选择看短视频。在这个信息传播越来越快的时代，人们更喜欢在有限的时间内获得最多的信息。短视频的"直奔主题、传播迅速、信息直观"正好符合快餐式信息传播的特点。

（六）具备营销效应

备受瞩目的明星光环，是很多人都想要得到的，于是有一些人会在社交网络平台上分享自己的短视频，以此获得关注。这种效应还延伸到了自媒体的推广与营销上，并且成为一种很重要的宣传手段。

三、短视频的积极作用

（一）快速捕捉信息，避免浪费时间

进入 21 世纪，人类对于时间的认识更是发生了根本变化，对于时间的珍惜远高于工业革命时期。① 在信息化时代的今天，人们在享受生活便利的同时，也面临着前所未有的压力。因此，珍惜时间、珍惜当下、发展自己已经成为不可回避的重大事情。在这样一个时代，如何接收大量信息又不浪费时间，成为人们必须思考的问题，于是短视频应运而生。

如今，抖音、快手、百度等平台利用短视频向大众传送大量信息，以供大家选择。对于大众来讲，既获得了大量信息，又节约时间，不至于让自己耗费大量时间去寻找有效信息。不浪费时间就意味着节约了时间，在现代化进程加快的今天，人们的生活压力、工作压力越来越大，在不影响获取所需信息的情况下，节省时间是大家都愿意做的事情。短视频的短有效解决了这个问题，但是其信息碎片化的问题也使人们对于问题的理解容易出现偏差，同时还会影响人们做事情的注意力，甚至于依赖短视频。

（二）信息面广泛，可供不同受众选择

短视频除了具有节约时间的积极作用之外，另一个积极作用便是信息面广泛，上到国家大事，中到国内外热点问题，下到某家的鸡毛蒜皮之事，都可以在短视频平台上看到。可以说，短视频的受众具有最大的广泛性，上至八九十的老人，中到中年人，下到幼儿小朋友，总有一款信息是某个群体所需的。此外，短视频平台具有智能推荐功能，它会根据大众的喜好推荐他们所需的信息。而这也正是大数据时代的优势。信息面广泛是短视频能够被大众接受的重要条件，大众不仅需要节约时间搜寻信息，更需要搜寻自己感兴趣和需要的信息。如果信息面过窄或不够宽泛，就会失去一些重要受众群体，这样短视频平台将难以运营，甚至退出信息传播平台。因此，无论是抖音、快手还是百度，其短视频平台推送的信息都具有种类多、花样多的特征，几乎听不到短视频无法满足大众需要的言语。也就是说，短视频能根据受众特征推荐符合受众需要的信息，同时也可以发现，短视频的影响力与受众的特征有紧密联系。在网络环境中孕育出的短视频，其传播影响力受到受众群特征的影响。越是符合年轻

---

① 赵秉瑜. 论短视频的积极作用与消极影响 [J]. 环球首映，2022（12）.

受众信息行为特征的短视频越容易获得更大的影响力。

（三）传播速度快，影响力提高容易

最近几年，国内外发生的重大事件或恶劣事件很快就能被大众所知，并引导相关部门尽快处置，就是因为短视频传播速度快。事情一旦发生，很快就能借助短视频平台传播，被大众所知并关注。短视频的传播速度快也与其短的特性有直接关系。由于短视频观看费时少，且短视频平台发布的信息就是大众关心或者是社会热点问题，大家对其有高度的热情和兴趣，非常热衷于传播。传播速度越快，知道的人就越多，引发关注的人也就越多，甚至有些信息不知不觉就上了热搜。一旦热起来，要想凉下去，就必须给大众一个说法，也就是说，问题需要得到有效解决；否则，就会影响政府的公信力和权威性。传播速度快也是短视频能够受欢迎的重要原因，如果传播不出去或者传播速度慢，自然不能使信息得到共享，也就起不到信息发布的预期作用。如今，正是因为一些短视频的快速传播，很多问题都得到了有效解决，诸如青小麦收割、一些餐饮酒店、小食堂卫生不达标、学生被体罚等，在被报道之后，相关部门很快就给予回应并及时做了处置。

（四）发布门槛低，喜欢者都可以使用

大众的事情大家自然都会关注，但是一件事情是大还是小主要取决于当事人。对于当事人来讲，如果自己的合法权益被侵害却不能得到及时有效解决，在面临无路可走时，很多人就会选择短视频平台，通过短视频平台发布自己的遭遇，以引起大众关注，继而形成群体舆论，引起政府相关部门的关注，从而加快事情的及时有效解决。现在，一个人若想通过抖音、快手等发布短视频，除非短视频有严禁发布的不良内容，不然一般都可以顺利发出。这样，短视频就满足了大众，尤其是底层老百姓的发布需求。发布门槛低，除了对内容和发布人的要求比较低之外，还有一点就是操作简单。只要稍微有点玩手机的常识，基本都可以操作。发布门槛低，就会让短视频更容易发出来，这样短视频的内容不仅多、而且杂，这对于大众来讲就会出现选择信息障碍或困难。当然，与传统的媒体处理方法和手段相比，短视频处理需要一定的方法和技术，不过视频的展现方式却是传统媒体所比拟不了的。所以，发布门槛低的积极作用还是比较突出的。

（五）准确度较高，无须细细品味

短视频虽然短，但是其信息发布的核心点不会缺失，也就是说短视频想要告知大众的内容不会因短而缺失。一般情况下，大众通过某个短视频就能够知道发布者的意图，也能及时捕捉到短视频的核心观点。浓缩就是精华，短视频浓缩了大量信息的精华，以简短的方式向大众呈现。进一步讲，短视频只是改变了发布形式和时间的长短，并不更改其发布内容的核心内容。也正是因为这一点，短视频虽然短，却依然容易被人相信并热捧。如果无法保证信息的准确性，那么其就丧失了意义。对于短视频来讲，如果准确度不能得到保证，则上述的其他四个积极作用也无法发挥出来。准确度高又省时间，将信息最精华和最吸引人的地方及时发布出来，成为短视频受欢迎的重要原因。

第二节　短视频新闻传播的特点和价值

一、短视频新闻传播的特点

（一）内容丰富多彩，引人入胜

短视频新闻是以数字化的方式呈现，相较于传统媒体新闻，它的内容更为丰富多彩，而且它的表达方式使其从传统媒体新闻中脱离出来，以更加轻松有趣的方式呈现出各类新闻性主题思想。比如，将不同风格的背景音乐融入短视频新闻中，能够更好地适应当前的大众文化和社会生活，让短视频更具灵活度，并吸引更多的受众群体。随着互联网技术的飞速发展，短视频平台应运而生，用户可以根据自己的喜好来编排、设计作品，创作出个性鲜明、艺术感强的短视频新闻。当前，利用融媒体平台进行短视频的创作，顺应了时代潮流的发展趋势。

（二）内容说明简洁真实，及时有效

与传统媒体新闻的详细报道相比较而言，它更具有精练的特点，能使用户在较短的时间内了解到新闻的发展过程，具有较强的时效性。而传统媒体的新闻报道要按照严格的程序化流程进行，从选题、报题、采访、写稿、发布等环节都经过严格的层层把关方可发布，这样一来就会影响新闻报道的时效性。相较于传统媒体新闻而言，短视频新闻具有较强的新闻爆发力，其拍摄手法更加自由、灵活，表达方式也更加简单。在十几秒到几分钟的时间内，多数短视频无法完整表达新闻事件的经过，只能通过剪辑拼接来实现自己的叙事意图。这种碎片化的内

容契合了融媒体时代用户的阅读习惯，再配合发布的简单化和即时性，能够使用户在第一时间知晓最新发生的新闻。① 特别是对于突发的社会事件，可以在最短时间内将现场发生的事情及时报道出来，这样既能提高新闻的传播速度，又能让新闻更加真实，更容易被大众所接受。短视频新闻遵循简单明了的原则，尽量选用最便捷的传播途径，从而使其在内容上更加生动、丰富。

（三）传播与受众一体化的传播方式

短视频新闻的创作和传播与传统的新闻报道存在很大的区别，因为短视频新闻报道内容的多种多样，使得过去仅依赖于电视等传统媒体的新闻传播方式发生了根本性的转变。在短视频新闻传播过程中，受众是最重要的一部分，它可以在短视频中形成创作者、传播者和受众三要素的融合，从而形成更加宽广的信息传播空间，同时，利用网络化信息技术将受众所看到的信息进行分类，进而实现信息的有效传递。

（四）传播内容和时效上的分散化

短视频的新闻报道通常只有短短数秒的时间来传播，而这种报道方法以常态化的形式呈现出来显然行不通。同时，这些片段式的新闻内容也非常符合当代受众的阅读习惯。在媒体融合时代，智能 APP 的移动客户端平台俨然已成为信息交流的主要阵地，受众可以在任何时间、任何地点获得自己想要的新闻。由于用户的阅读习惯是碎片化的，因此，短视频新闻在一瞬间就能抓住用户，实现有效的传播和情绪的共鸣。同时，短视频新闻具有简洁的特征，更符合当今社会快速发展的要求，使人们在闲暇之余获得新闻资讯。

二、短视频新闻传播的价值

（一）打造全面视频传播模式，实现纵向横向全覆盖

传统的新闻传播模式对于传播主体的要求相对较高，而且社会新闻的制作成本以及制作周期相对较长，因此社会新闻的传播速度相对较慢，而且很难实现新闻传播主体和观众之间的互动，只有特定的新闻传播行业以及企业才能传播新闻信息，而现阶段短视频平台能有效打破新闻接收者和传播者之间的壁垒，降低新闻传播主体的门槛，各领域、企业、个人以及各行业相关人员想要

---

① 姜怡. 短视频新闻传播的特点及发展策略研究［J］. 声屏世界，2020（19）.

传播信息，都可以通过短视频平台进行。短视频平台这一全面传播模式在社会中的主要应用价值就是使群众及时获取各级政府以及官方发布的权威信息，传播社会正能量以及新的政策法律法规，全面视频传播模式能够实现社会各界的信息资源共享。新闻传播主体和新闻接收群体可以通过留言平台进行互动，也可以使新闻传播主体明确群众建议以及市场需求，短视频平台还可以通过大数据算法根据群体的兴趣点以及其具体需求进行推送，实现社会新闻信息横向和纵向的全面覆盖。

（二）承担社会责任，传递正能量

通过短视频平台对新闻信息进行传播能够使新闻传播充分发挥出社会价值，即短视频平台和新闻传播承担着较强的社会责任，其能够带动社会舆论导向，传播正能量。现阶段我国短视频平台的受众群体相对较大，只要能够在短视频平台上使某一社会新闻信息得到相应的热度，那么其传播速度就会加快，能够在很大程度上影响社会舆论。可以说短视频平台在新闻传播中能够有效传播社会正能量，因此，其也承担着重大的社会责任，合理应用短视频平台能够促进我国社会的和谐稳定。

（三）张扬了人们的个性化创意

短视频传播的快速兴起，适应了当前人们的新媒体化生存需求，究其原因，除了技术的成熟等基础性因素之外，既有形式的简约，也有生活化认知、个性化创意的填补，短视频对碎片化契合和张扬现代人的快节奏生活需求。当前，移动互联网成为传播的主流阵地，也是主流媒体的发展方向。我国主流媒体非常丰富，涉及各个领域和行业，具有庞大的规模和权威性，是新闻生态的主体。但是全媒体时代，主流媒体权威性、影响力受到挑战，受众严重流失，甚至面临生存危机。专业短视频平台的创意内容，多采用生动、软性、灵活的网感创意，或者用后现代主义的表达方式，直接撩拨受众的情感、情绪和社交分享欲。所以，主流媒体必须积极利用现代传播技术及手段，转变思维，信息传播过程中充分利用用户思维生产和传播新闻产品。主动寻找、刺激和陪伴用户，利用现实和网络空间的交互来陪伴用户，成为其陪伴者。相较于其他传播媒介，短视频内容的吸引力更大，网民阅读此类信息花费的时间较多，同时短视频还能有效激发受众激情，从而有效推动主流媒体发展，增加其生产能力。

（四）契合人们的生活化认知

内容是新闻传播的核心。在内容建设上，通过多元化活动激励青少年群体创新表达，加大审核力度，分批次建立专项激励机制，通过短视频线上、线下活动，深入校园、青少年群体社区，调动其创作的主动性和积极性。短视频内容的创作需要具备专业技术人才，不断创新生产手段和模式。同时，在算法推荐上，注重用户提供内容的社交（UGC）短视频的潜力，包括秒拍、波波视频等，针对青少年用户强化正能量视频推荐，制作生产出受众青睐的信息产品。主流媒体在硬件及软件上具有较强的优势，其在制作短视频时必须充分利用优势，构建专业的创造团队，严格把控短视频新闻内容的制作质量和生产质量，以积极传播主流价值观，增强受众接受度及认同感。UGC 短视频不同于 PGC 短视频新闻，其更符合 Web2.0 特点，这种生产模式能够更好地满足用户多元化的需求特征。

（五）提供强互动模式

传统新闻传播模式下，新闻传播主体与新闻接收者之间难以进行互动，因此，新闻传播主体无法全面了解市场需求，无法结合实际情况对新闻传播内容进行相应调整。但通过短视频平台进行新闻传播，能够实现新闻信息的接收群众与新闻传播主体之间的高效沟通，新闻传播主体可以随时从沟通通道以及留言区看到新闻接受者对新闻信息的态度以及意见，然后根据实际情况再对新闻传播内容以及新闻传播模式进行调整，提升新闻传播模式与时代需求的契合度，从而提高新闻传播的有效性，扩大新闻传播面积。短视频平台新闻传播模式下，新闻传播主体和接受群众之间的互动极为强烈，一方面能够提升新闻传播主体对市场需求的了解程度，另一方面也能够拉近新闻传播者和新闻接收者之间的距离。[①]

第三节　抖音、自媒体与新闻传播

一、抖音新闻传播

（一）抖音的特征

1. 抖音信息碎片化、狂欢化

抖音作为新兴自媒体，使广大爱好朋友圈的用户通过网络在任何时机与场

① 展鹏. 短视频平台在新闻传播中的应用价值研究 [J]. 传播力研究，2022（18）.

合分享他们的所闻和所得。它所展示出来的短视频文化与传统大众传播的电视剧、精美电影截然不同。抖音传播更多表现出即时性、娱乐性强等特点，其背后的"抖友"们每时每刻都在传播各种奇闻逸事和热点话题，他们以独特的方式解析、分享、传播他们感兴趣的一切，表达对生活的热爱。

2. 抖音传播交互性强

传统的信息传播主要集中于广播、信件等时效性与互动性难以兼得的方式，特别是信件的反馈更是如此，双方无法针对话题进行实时交流。而抖音短视频在传播过程中弥补了传统信息在传播方式上的诸多不足，深受大众喜爱。

3. 抖音传播速度快

抖音用户群基数极为庞大，传播更具灵活性，消息的传播分享从个体到团体，传播速度很可能是突发式的。抖音的这一特点在很大程度上影响着热点事件的发酵与扩散。

（二）新闻在抖音上传播的影响

抖音以自身独特的优势在热点事件的传播中展现出强大的功能和作用，成为网络社交媒体中最新的阵地之一，成为数字媒介为代表的新媒体平台客户端中最热门的代表之一，在热点新闻的形成传播过程中发挥了重要的作用。

1. 抖音创新了新闻媒体语言的表达形式，极大提升了新闻事件的传播速度

随着抖音传播的快速发展，作为一种全新的新闻表达形式——短视频新闻应运而生。用户在抖音中可以便利地利用视频表达自己的观点，这颠覆了人们对传统媒体的印象。传统媒体的语言需要经过加工处理，因此很难在第一时间将热点新闻的第一手资料展现给广大民众，导致新闻报道出现一定的滞后性，而抖音的出现在一定程度上弥补了这点不足。抖音的低门槛使得网民只需要动动手指就可以随时随地发布简单的短视频，也就是说，在抖音拥有庞大用户群体的基础上，当一个热点事件发生时，很有可能某个"抖友"就在现场，而此时其就可以打开抖音发布第一手的新闻热点信息，进而达到快速传播的效果。

2. 抖音将传播途径从中心扩散型转变为多方向扩散型

抖音的另一大特点就是将传统大众传媒的传播途径从中心扩散型转变为多方向扩散型，以往大众传媒主要是通过媒体向民众单向传递信息，两者之间很少会有互动。而抖音则打破了这种模式，变为群众多方向扩散传播模式。抖音同时还具有生活化的特征，其主体大众近距离、主动接触生活中的热点，不像传统媒体只能被动寻找热点问题进行披露。

3. 抖音与其他自媒体以及传统大众传媒优势互补

在当今的时代背景下，热点新闻在被传播、报道的过程中，自媒体与传统媒体相辅相成、相互弥补不足。虽然社交平台之间也有竞争，但更多还是优势互补、互利共赢。传统大众传媒在消息的传播方面更具有权威性，但对整个事件的报道还需要自媒体的帮助，才能使热点报道的细节更加具体、信息的发布速度更快，从而满足用户需求，达到多方共赢的目的。

但凡事都有利有弊，虽然抖音在促进事件传播上具有优势，但其是一个新生事物，任何新事物的出现都不可避免会产生一些消极作用。大部分抖音信息是碎片式的，而且抖音短视频通常都很短，很难将整件事情的来龙去脉讲清楚，必须通过后续的补充才能表述完整。因此，抖音在传播的过程中呈现出不完整性、不确定性的特性。此外，这些碎片化的信息很容易导致受众在观看时从多个角度分析，进而歪曲真相、产生误解。抖音受众众多，每个人都有可能成为传播者，加上制作成本的低廉，许多人没有花大量精力辨别消息真伪就发布出去。这样就容易导致他人误信谣言，部分无辜的受害者难免会让人心痛惋惜。

（三）抖音新闻传播的对策与建议

1. 对抖音短视频进行深加工，提升热点新闻短视频的完整度

零碎的抖音短视频源于微小的事实，因此在发布之前对这些短视频进行加工非常有必要。提升热点新闻短视频的完整度对引导受众从不同角度对热点新闻进行深度解读有一定的作用，能促进受众全面了解整个热点事件，避免对事件的单一化、从众化解读。这样就能在一定程度上解决抖音无法充分挖掘热点新闻深度内涵的问题。

2. 以抖音成员的兴趣联系和满足感为基础，增强抖音社区认同感

在抖音社区内，认同感源自抖音短视频的精致制作。与大型视频制作相比，抖音短视频制作比较粗糙；而与一些其他短视频制作平台相比，抖音的"高端"主要表现在两个层面：一是抖音图像的精美程度较高；二是衣着更时尚，场景更具都市特征。就社区意识和满足感而言，它们都是抖音短视频社群认同的视觉符号，通过社区建设能够促进抖音文化良性发展，增强社区成员的认同感。

3. 完善抖音管理的相关法律法规

抖音作为一个新兴自媒体平台，虽然各项规则日趋完善，但是在法律层面还缺乏一定的依据，这就需要出台与抖音相关法律法规。如抖音账号实名制后，一旦发现用户有故意发布虚假视频的行为，应当根据情节轻重对信息发布

者实施一定的惩戒，情节特别严重者甚至可以诉诸法律。

二、自媒体新闻传播

（一）自媒体概述

媒体运用数字技术为受众创造了共享资讯与自身经验的平台。自媒体实现了信息发布的有效性和便捷性，使得信息发表方法更为丰富多样。通过网络更好地开展媒体播报，吸引了更多的群体，使他们可以在平台上自由发表言论。自媒体在形式上也呈现出丰富性特点，比如，视频网、博客、微信、社交网络等。微博作为非常重要的形式，在当前人们学习和生活中已经对互联网产生了依赖，在微博上能够发表相关的言论，同时也可以通过新闻了解情况和传达相关的观点。而微博也涵盖了社会的各个方面，地方政府可以时刻关心微博内容，对工作进行合理调整，有利于更好地满足百姓的相关需求。其他表现形式如视频网、微信等也有着很强的代表性，抖音使用群体规模不断扩大，呈现出信息获取便捷、信息传播速度快等优势。当前社交网站得到了广泛应用，使人与人之间的联系更加紧密，逐渐扩大了人们的社交关系网。

社交网站有着大量的信息，人们可以查询自己感兴趣的内容，同时内容上呈现出准确、即时、全面等特征。自媒体作为新兴资讯传播媒体，充分呈现出独立性，自媒体资讯主要由网友传播，并且做出多元化评价。然而，信息呈现出不全面、破碎的问题，微博中存在数量的限制，容易造成数据的不真实、不具体以及不完整等情况。自媒体发展显示出即时性的特点，随着网络迅速开发与使用，媒体传播速度逐渐加快，甚至达到零时差。[①] 在媒体传播方式上呈现多元化特点，信息发布也采取多样化的途径有序展开，自媒体信息传播呈现出由中间朝着四周不断快速传播的态势。自媒体信息传递呈现多样化的特点，网民对事物的看法不同，对自己感兴趣的事物进行评论与观察，使自媒体生产出了多样化信息。自媒体作为新型传播媒体，凸显多功能性，信息传递更为有效，信息传播实现立体化，受众对信息的了解更为广泛。

（二）自媒体新闻传播的作用以及存在的问题

1. 自媒体新闻传播的作用

首先，自媒体新闻信息充分展现出丰富性的特征。其次，自媒体积极构建

---

① 胡志刚. 自媒体新闻传播对传统新闻传播的解构与重塑 [J]. 传播力研究，2023（11）.

相应共享性信息开放发展平台，在新闻信息资源和传播方式上展现出开放性的特征，为用户提供便捷的交流途径。再次，自媒体成长过程中呈现出开放式的特征。借助移动设备和互联网可以获取信息，通过使用自媒体讨论新闻，热点新闻逐步变成大家谈论的重点话题，使用者可以随意表达自己的看法，全民迈入信息讨论时代。其次，自媒体新闻传播体现了即时性的特征。用户日常生活中通过移动终端的方式，可以及时发布相关信息，同时好友能够及时收到有关信息，使新闻传递在方式和途径上展现便捷性的特征和优势。最后，随着消息传递方式发生变化，自媒体呈现出用户关系网络比较强大的优势。因此，消息也逐渐朝着中心向外扩散，新闻信息在传播过程中，循序渐进地增强了新闻信息内容传递的整体影响力，在此基础上能够对传统新闻传播路径进行创新和优化。

2. 自媒体新闻传播存在的问题

首先，内容冗杂多变。自媒体平台信息呈现瞬息万变的趋势，用户因此可以获取大量信息，从而有效提高了信息质量。但也使用户在进行资讯选择时更加迷茫，面对当前多变的资讯，时常面临不知如何下手，寻找不到目标的困境。自媒体在使用群体中产生了鱼龙混杂的现象，人们在自媒体中面对新闻信息会产生茫然感。其次，资讯的真假难分。自媒体具备开放式的特点，所有人只作为资讯的传递者，并未建立相关的新闻传播者准入制度，有些新闻信息传递者的思想道德素质有待提升。人们在信息收集过程中，不能对新闻信息内容做出正确的分析，无法保证资讯的准确性。最后，资讯频发失范问题。自媒体的市场准入门槛较低，对受众的信息真实性亟须严格检查，而传统信息服务把关自媒体也存在不足的方面，应提高信息的公信力、真实性。

（三）自媒体新闻传播对传统新闻传播的解构

1. 传播者从专业新闻机构向个人转变

自媒体的出现与发展使传统新闻媒体受众发生了比较大的变化，以往新闻的获取和传递大多是由记者完成。在自媒体时代背景下，信息传递者通常是受众，人们变成了消息发布者，使得受众的身份发生了巨大变化，导致传统媒体的权利出现了分化现象。对于媒介权力进行重新界定，媒体的媒介权力从专门的部门向着自媒体领域方向转化。

2. 信息从过滤发布朝着发布过滤转变

在自媒体时代下，新闻信息传递方式出现了比较明显的变化。传统信息传播形式下，媒体报道信息注重把握新闻的质量。报道的方式是经过整理之后再进行发表，因此，无法保证报道的时效性。而新媒体可以确保新闻内容更加丰富，新闻资讯渠道逐步拓宽，受众可以从多元化角度对新闻资讯加以审视。

3. 传播途径朝着网状转变

传统的消息传递方式存在着单一性，传播者一般是通过媒体进行消息传播，无法做到准确地了解信息，也难以及时回应。信息反馈渠道狭窄，消息传递滞后。自媒体技术对这种情况进行了改善，人们通过关系网进行消息传递，通过社会的媒体交流延伸，做到实时交流，新闻事物也展现出舆论效果，逐渐推动社会公众关注新闻的热点问题。

4. 议程设置实现从引导向聚合转变

传统新闻传播往往对受众接收到的新闻信息进行排序，体现了新闻事件的舆论作用。传统媒体发展过程中，媒体的新闻消息通常在精挑细选之后才发表。自媒体新闻的出现，创新了新闻消息传播方式，人们可以自主展开热点新闻问题的信息交流，增强媒体的舆论效果。

（四）自媒体新闻传播对于传统新闻传播的重塑

1. 提高信息整体价值

自媒体逐渐成为目前新闻信息传播的关键方式，充分展现出了自身应用的价值和作用，同时对于人们日常生活起到了指导性作用。社会在快速发展过程中，逐渐提高了自媒体整体的使用效率，各类新闻通过自媒体进行传播，而在传播期间会产生一定的问题。因此，需要自媒体新闻传播与传统媒体传播相辅相成。针对网络里出现的谣言扩散问题，可以通过自媒体新闻进行及时辟谣。同时，利用传统媒体新闻开展的官方辟谣，可以有效遏制造谣者，从而有效整合传统媒体和自媒体的传播。因此，需要提高新闻报道质量，及时通过传统新闻媒体严格把关消息的内涵，在此基础上公布的消息才具有真实性。自媒体人通过自身的修复机制，更正自媒体内容，确保新闻信息的真实性。

2. 增强新闻的真实性

自媒体在发展过程中，很多新闻事件在传播中，传播效应逐渐扩大，人们在参与新闻事件报道的过程中，可以通过对新闻报道事情展开深扒，从而让新闻报道事情的真相浮出水面。

3. 构建信息沟通平台

自媒体给人们提供了更加完善的信息交流和沟通的平台，人们在自媒体上畅所欲言，表达自己的想法，新闻事件逐渐变成了观点的自由市场。不同观点和意见在自媒体平台上进行相互碰撞与交流，自媒体呈现出传播信息快速的特征。然而自媒体人具有相对复杂性特点，他们的专业素质也是参差不齐，导致信息发布的随机性比较大，发布信息没有限制。由于受众角色逐渐转化成了观点领导者，对于新闻事件的关注度也很高，参与者针对发布的问题进行话题探讨，同时提出自己的观点。

4. 增强信息传播效果

在网络高速发展的背景下，自媒体平台得到了快速发展，它以常态化的方式存在于人们日常生活中，很多网民对于自媒体平台有着很强的依赖性。自媒体平台在发展过程中，优化和完善了新闻传播的形式。人们通过自媒体软件，能够及时了解媒体消息，从而有效增强新闻媒体消息传递的有效性。

第四节　移动短视频新闻传播

一、移动短视频新闻发展条件及背景

（一）智能化的移动终端设备是移动短视频新闻发展的硬件条件

在科技的影响下，高质量、多功能、专业化、强性能的移动终端设备层出不穷，高像素、高变焦的智能手机、高性能的平板电脑和智能相机等移动终端设备是移动短视频新闻发展的硬件条件。[①] 用户通过高性能的移动终端设备可以实时抓拍新闻事件，利用移动终端自带的美化、编辑软件可以非常方便地对视频进行简单处理，从而迅速进行发布和传播。

（二）不断完善网络技术是移动短视频新闻发展的外部条件

互联网的发展是移动短视频新闻发展的必要条件，也是移动短视频新闻制作与传播之间的桥梁。首先，移动通信技术从 2G 到 5G 的更新换代使数据的接收和传播速度越来越快，大大提升了移动短视频新闻传播的速率。其次，无线网络技术的发展大大提高了网络的覆盖率，拓展了用户的网络使用范围，方便了用户随时随地使用网络，无线网络已逐渐取代有线网络，成为主要的网络使用方式。再次，移动通信基站不断建设和完善，基本覆盖了偏远地区、欠发达地区及山区的网络盲点，一定程度上实现了全国网络全覆盖，为全民使用网络提供了技术支持。最后，在国家的引导和推动下，通信网络流量提速降费取

---

① 常书辉. 移动短视频新闻传播的发展探析［J］. 西部广播电视，2021（10）.

得了很大进展，用户不必担心观看视频新闻流量不足和费用过高的问题，提高了用户接收和传播移动短视频新闻的主动性和积极性。

（三）多元媒体平台和 App 软件是移动短视频新闻发展的软件条件

媒体平台和 App 软件是移动短视频新闻发布、传播和共享的重要介质和载体。在移动短视频新闻发展的起始阶段，微博、微信、腾讯视频等是移动短视频新闻的主要载体，随着互联网和计算机技术的进步，抖音、快手等多元化媒体平台不断涌现，为用户接收和传播信息提供了更多选择，也使得移动短视频新闻的传播渠道更加丰富。

（四）快节奏的生活方式是移动短视频新闻发展的社会环境条件

经济快速发展的同时加快了人们的生活和工作节奏，也加大了人们面对生活和竞争的种种压力。在快节奏的环境中，大部分人没有过多的时间详细阅读新闻，在较短的时间内获得高效或者高质量的信息服务是当前人们的迫切需求。移动短视频新闻虽然时间较短，但是内容明了、精练，基本能够涵盖新闻事件要点，使得人们能够在零散时间内了解移动短视频新闻内容，切合当代群体的生活习惯和心理需求，从而为自身发展奠定受众基础。

二、移动短视频新闻传播的优势和特点

（一）较强的时效性

移动短视频新闻传播与传统新闻相比，规避了传统新闻制作配合部门多、参与人员多、程序复杂、层层审核、周期过长等问题，省去了众多繁杂的步骤，只需要利用手机等终端设备就可以拍摄和简要编辑新闻事件，从而在线发布，真正体现新闻"新"的意义，突出新闻的即时性和时效性。

（二）较为生动和个性化的表现力

传统新闻传播形式和内容较为严肃、庄重，这种新闻表达方式容易和群众产生距离，也不利于群众接受。移动短视频新闻制作简洁，其自由随意的短视频制作和表现手法更符合大众口味。通过视频、图文、音乐等多种表现方式的结合和创新，不拘泥于图文，不仅使新闻内容更为生动，也更易突出新闻的真实性和层次感。无论是出于对真相的探究还是好奇，都会引起大众更多的关注。而且，移动短视频新闻素材往往是群众身边发生的事情，从总体上看，丰

富了新闻内容；从局部看，又体现了区域特点的个性化特色，不仅能引起同区域内群众的浓厚兴趣，还可以为广大受众提供更多类型的新闻。

（三）突出的社交性

当前人们通过媒体平台或者短视频 App 浏览短视频已经呈现常态化趋势，在有限的零散时段翻阅短视频也已成为大多数人的一种习惯。大多数媒体平台及短视频 App 均设置有方便用户关注、分享、评论的方式，用户可以关注和分享感兴趣的移动短视频新闻，并发表自己的看法，和作者进行互动沟通、相互探讨，同时对重大新闻也可以通过分享给朋友等方式进行传播，提高新闻的传播速度和影响力。

三、移动短视频新闻传播的优化路径

（一）精准提供服务，增加用户体验

移动短视频新闻传播不仅要确保新闻的客观性和真实性，还要明确为用户服务的目的，重视用户体验，增加用户满意度，吸引用户目光并留住用户脚步。一是充分利用大数据挖掘和分析技术，对用户的喜好、习惯、时间等各方面进行详细的数据分析和解读，短视频平台要根据这些数据为用户推荐同类或相似的新闻信息，方便用户选择和取舍，使用户可以在短时间内获取自己感兴趣的新闻信息，为用户提供精准而高效的服务。二是根据用户所在地区，进行本地区新闻信息的详细专项推送，结合具有本地区特色的元素，对短视频新闻进行再编辑和包装，提升用户兴趣。三是对原始的粗糙的视频新闻信息进行精细化处理，利用重点标注、图文或音频讲解等形式，提高短视频新闻的真实度和流畅性，增强用户的浏览体验。四是完善视频平台的信息服务功能，增强用户的互动性，进一步提升移动短视频新闻的社交属性，在原有关注、分享、评价等服务功能的基础上，完善跨平台分享功能，提供互动板块和个性化定制编辑板块，提高用户参与度，增强用户互动体验。

（二）加强监管力度，净化短视频新闻发展环境

移动短视频新闻作为一种媒体传播形式，对大众的思维、价值观念及舆论发展等都具有一定的导向作用。针对移动短视频新闻发展过程中存在的种种问题及风险，必须构建媒体自身、公权力机关和社会大众共同参与的多维度监管体系，抵制不良新闻信息，提高新闻质量，优化移动短视频新闻发展环境。一

是媒体机构强化职业素养和责任意识，提高监管和自我排查的自觉性，完善新闻信息的审核机制和违规处理机制，对发布不良信息账号进行严肃和严格处理，保证短视频新闻的真实性和高质量。二是公权力机关进一步完善和落实网络法律法规，加强法律法规细则的制定和宣传落实，保障媒体平台在法律法规范围内良性发展。公安机关和媒体管理机关加强对媒体平台的监管，严格追究违法媒体平台、责任人及发布者的法律责任。三是加强社会监督，完善和畅通社会大众监督渠道，通过举报信、举报电话、公众号等方式，充分发挥社会大众网络监督的重要作用，从而净化网络发展环境。

（三）优化模式结构，提供优质新闻信息

移动短视频新闻以视频形式传播，传播方式自由、开放，内容形象、生动，但是，短视频新闻在"短而精"的同时，也往往伴随着新闻信息的片面化和不完整性，无法全面表现新闻信息全貌及详细内容，容易造成误解和误导，也容易被不法之徒利用，歪曲价值取向，误导舆论方向，造成不良影响。移动短视频新闻传播如果想要促进这一新兴行业的发展，就必须注重内容的真实有效，只有从本质出发，切实提高短视频新闻内容的质量，才能更好地满足广大受众需要。[①] 因此，移动短视频新闻不仅要保障新闻的客观真实全面，还要丰富新闻的表现形式，将视频、图文等表现形式融合运用，进一步增强新闻信息传播的表现力和感染力。为了保障短视频新闻信息的完整性，可以增设完整新闻的网络链接，使用户借以了解完整的新闻事件。同时，对于突发事件或者缺乏完整性的新闻信息，可以利用当时在场见证者的口述或视频片段进行多方位、多角度解读、补充和说明，以提高短视频新闻的质量。

（四）重视主流媒体引导，强化综合人才培养

虽然移动短视频新闻近年来的发展态势较好，被大众普遍接受和使用，但是，传统媒体领域的主流媒体如人民日报、中央电视台等仍是中国媒体发展的风向标，引领着媒体发展的正确政治方向，是更高层次、更具影响力、更具权威性的媒体形式。因此，要注重主流媒体与短视频媒体平台的结合，充分发挥主流媒体的政治引导作用和强大的影响力，主流媒体入驻短视频媒体平台，可以利用短视频媒体平台的传播速度快等特点，提高新闻传播速度；短视频媒体平台可以利用主流媒体的权威性和影响力，吸引更多用户关注，提高社会效益，两者融合发展可以优势互补、同步促进。同时，传统媒体和新媒体在深化

① 亓康硕. 融媒体背景下移动短视频新闻传播策略探析［J］. 新闻传播，2022（9）.

融合的同时，要注重能促进媒体融合的综合性人才的培养，高校也要注重媒体融合专业教学模式的创新，培养优秀的融媒体时代综合性人才。

第五节　短视频新闻传播的问题与优化策略

一、短视频新闻传播的问题

从目前来看，借助短视频传播已成为新闻媒体进行新闻报道的主要方式之一。然而，由于短视频新闻出现时间较短，传播体系并不健全，在新闻内容、传播形式以及平台方面仍然存在一些不可忽视的痛点。因此，做好短视频新闻并非易事。

（一）内容良莠不齐，原创能力不强

信息技术的快速更迭为短视频新闻的生产制作和发布上传提供了畅通渠道，"人人都是新闻创作者"的时代已经到来，发布者只需通过平台审核即可上传新闻、分享作品。然而，由于发布者在新闻制作技术上存在差异且缺乏原创能力，导致短视频新闻内容质量良莠不齐，优质产品较少。从目前短视频平台呈现的新闻内容来看，大多数短视频新闻都是从传统新闻上直接截取的视频片段或直接进行转载搬运，并未对新闻素材进行二次加工，从而导致新闻缺乏吸引力难以打动用户。造成这一现象的主要原因是部分新闻媒体对于短视频新闻的内容定位存在偏差，对于短视频的制作仍然保持传统新闻的模式，认为短视频新闻就是将传统新闻进行截取并以短视频的形式进行发布。

（二）短视频矩阵同质化，缺乏特色和区分度

当前短视频新闻传播矩阵在不同程度上存在同质化现象，导致短视频新闻内容极度相似，无法在内容上进行明显区分，缺乏自身新闻特色。一方面，新闻媒体在短视频栏目设置上极为相似。首先在界面设置上，多数新闻媒体会在主页底部放置短视频新闻专栏，并按照主题对这些新闻进行分类，方便用户选择自己感兴趣的主题进行观看，在观看过程中用户可对视频进行评论、转载；其次，在专栏分类方面也过于同质化，大多是按照国内、国外、军事、娱乐等主题进行划分，因此不可避免地导致栏目雷同。另一方面，短视频新闻存在单

条视频多平台转发的情况。由于门户网站新闻平台缺乏专业的新闻采编团队，新闻报道只能依赖其他媒体平台的转载，自然会出现同一事件反复报道的现象，使用户对新闻视频产生疲倦感，降低黏度，而且长期的同质化也会使新闻媒体的传播力和影响力下降，不利于新闻媒体平台的长期发展。

（三）忽视用户评论，无法形成双向互动

用户参与评论是短视频新闻实现有效传播的重要环节，一方面用户的评论能够丰富新闻内容，另一方面新闻媒体可根据用户的评论完善新闻的采编。互动环节的频率与用户对短视频新闻的黏度的强弱息息相关，目前短视频新闻缺乏与用户的双向互动和交流的现象普遍存在。尽管大部分短视频新闻平台都设置评论、转发等功能，但在真正实践过程中大多数新闻媒体只是对新闻"一发了之"，对于用户的评论不予理睬或者只关注可量化统计的点赞、评论数量。这种传统思维观念驱动下的传播方式使传播者与用户之间的壁垒无法消除，未能有效发挥短视频平台"双向互动"的优势。新闻媒体既接收不到用户的有效反馈，也无法根据用户的喜好进行新闻的精准传播，久而久之就会降低用户的参与度，进而影响短视频新闻的有效传播。

（四）UGC 新闻内容生产专业性不足

近年来，短视频平台为用户参与新闻制作、发布和传播提供了多元渠道。随着手机的广泛普及和人们分享意识的增强，在新闻事件发生之后，用户会在第一时间对事件现场进行拍摄并在社交平台分享上传，这些现场视频就成为短视频新闻素材的重要来源。[①] 然而 UGC 生产模式的背后也存在一些乱象，由于用户缺乏新闻采编相关专业知识，对新闻传播的规律知之甚少，大多数用户上传视频都是为了获取流量或满足自身"猎奇"心理，可能会忽略一些关键的新闻要素。例如，一些用户为了博取公众眼球会采用"标题党"或"移花接木"的剪辑方式对新闻进行传播，从而导致短视频新闻质量不高、表意不清，甚至产生误导性传播。

二、短视频新闻传播的优化策略

当今时代，新闻行业要准确、深刻地解读短视频新闻内涵、特点和优势，积极探索短视频新闻的传播策略，充分发挥新闻的作用和价值，推动其稳定

---

① 潘娴. 短视频新闻的传播策略研究 [J]. 声屏世界，2022（21）.

发展。

（一）加大对短视频内容的监管力度

当今时代，新闻行业在传播短视频新闻时，需要加大对短视频内容的监管力度，以严格的制度和科学合理的手段做好新闻宣传和传播工作。媒体之间竞争的实质是内容，如果无法保证新闻内容的质量，即便传播途径再多、拍摄技术再高超，也只能一时吸引受众，无法真正达到良好的传播效果，不能促进新闻行业的长久发展。未来行业发展的重点和主流趋势仍旧是新闻内容，即使出现再多的新闻传播形式也不能改变这一点。某些媒体在制作短视频新闻时，为了吸引受众的注意力，失去了道德底线，将一些低俗信息作为新闻素材，这类短视频新闻不仅无法发挥积极作用，还会对社会造成严重的负面影响。新闻行业想要发展，就必须坚持正确方向、坚守道德底线，做社会大众的引领者，在传播短视频之前仔细检查新闻内容，保证内容中没有违反道德和法律的言论，在保证新闻内容质量后将其报道出来，传播给大众。另外，媒体人都要认真履行自身职责和使命，在追求短视频新闻内容短小精悍的同时重点关注新闻质量，剔除不实信息和不当言论，保证短视频新闻的健康传播。

（二）明确受众需求

新闻行业要做好统筹规划工作，需要积极鼓励媒体人从不同视角出发强化品牌意识，培养核心受众群，增强受众黏性，提升短视频新闻推送精准度，将受众一时的新鲜感转化为长久的关注。新闻行业在传播短视频新闻时，要提前了解受众需求，根据不同受众群体需求选择合适的新闻内容进行推送，尽量保证推送内容的合理性和针对性。用户注册完信息之后，短视频平台可在后台进行数据分析，为每个用户建立精确档案，了解用户的性别、工作、兴趣、需求等信息，再将用户进行大致分类；还可以利用大数据收集用户日常转发、评论等信息，了解用户的喜好和需求，为其推送感兴趣且实用的短视频新闻，发挥短视频新闻的重要作用和价值，提高受众对短视频新闻的关注程度，保证短视频新闻的传播效果。除此之外，为了给用户提供良好的体验感，短视频平台还可以开设用户设置和反馈等模块，在设置模块，用户可自行设计字体、样式、字号等，在保证新闻推送精准的基础上，满足用户对短视频浏览的外观需求；在反馈模块，用户可自行留言，发表自己的建议和想法，提出自己想要观看的新闻类型。

（三）加强短视频新闻传播平台建设

在当下想要提高短视频新闻的传播效果，新闻行业需要加强短视频新闻传播平台的建设，为其传播提供载体。相关媒体部门要从多个方面综合考虑，增加人才投入，吸纳更多优秀的短视频新闻制作人员参与短视频新闻制作过程，进一步提升新闻短视频的制作效率。在搭建短视频新闻传播平台时，必然会遇到困难和挑战，但是一定要保持初心、坚持到底，遇到问题要及时寻找有效方法去解决，而不是选择逃避和退缩。在建设短视频新闻传播平台时，常见的有权限问题、资金问题、技术问题等，因此相关媒体部门要做好资金分配工作，尽量保证技术、人才、设备等方面的均衡投入，不要顾此失彼，影响短视频新闻的传播效果。另外，传媒行业要加大人才培养力度，增加投资比例，也要积极从外引进先进设备、专业技术人才，从不同视角出发进行分析和思考，为短视频新闻传播平台的建设保驾护航。

（四）拓宽短视频新闻的传播渠道

如今，新闻行业一定要打破思维局限，拓宽短视频新闻的传播渠道，扩大短视频新闻的传播范围，让短视频新闻能够影响更多的大众，为公众提供良好的服务，发挥短视频新闻的舆论引导作用。随着融媒体时代的发展，短视频新闻的影响力也在不断扩大，因此新闻行业必须保证短视频新闻的质量，避免误导大众。每个受众都是独立的个体，其对于短视频平台的选择也是各有偏向，所以新闻行业在传播和发布短视频新闻时，要拓宽传播渠道，将短视频新闻同步发布到多个线上平台，如微博、微信视频号、快手、抖音等，让各行各业、各个年龄段的受众都能及时获取新闻，扩大短视频新闻的传播范围，提高短视频新闻的传播力和影响力。在完成短视频新闻发布任务之后，媒体人员要利用大数据技术分析哪一平台的传播效果最好，并分析具体原因，之后打造更具社会价值的短视频新闻传播矩阵，为新闻行业的发展提供助力和保障。

（五）创新语言表达模式，增强传播效果

媒体工作者要改变以往单一的语言表达模式，结合受众真实需求，创新语言表达模式，将灵活多样、趣味横生的话语融入短视频新闻中，增强短视频新闻传播效果。[①] 在语言表达模式的选择上，媒体工作者应尽量采用情感化的叙述方式，将现实生活与艺术表达相结合，既要保证话语内容的真实性，也要适

---

① 郑玥. 融媒体时代短视频新闻的特点和传播策略 [J]. 西部广播电视，2022（14）.

当使用艺术语言，吸引大众的注意力，让大众愿意浏览和观看。首先，短视频新闻创作者要在坚持真实性的原则上加强情感表达，在制作短视频新闻时融入自己的真情实感，改变传统平铺直叙的叙事方式，借助真实声音增强受众的代入感，以此引发受众的强烈共鸣和深层次思考，增强传播效果。其次，因为短视频新闻时长和信息承载量有限，为了保证传播效果，短视频新闻制作者要在强化情感的基础上，从多个视角展开分析和报道，在保证新闻真实性的基础上适当添加一些艺术性语言，借此保证短视频新闻对受众具有吸引力，发挥短视频新闻的积极作用和价值。不过，艺术语言的选择要把握好尺度，坚决避免夸大其词。

第八章　信息时代新闻传播的伦理问题研究

当今社会，新闻作为重要的信息传播媒介，具有巨大的影响力。在科技发展的推动下，人们已经进入信息化时代，自媒体越来越普遍，便捷的科技使每个人都可以使用媒体，利用科技产品传播个人所接触的信息，但这些自媒体新闻信息传播中信息的真实性、合理性往往不被重视，导致信息泛滥、虚假等等各种伦理问题。本章将简要探讨信息时代新闻传播的伦理问题。

第一节　新闻伦理概述

一、新闻伦理的起源与发展

19 世纪 30 年代前后，以报纸为主要载体的新闻业开始崭露头角。1833年，世界上第一张"便士报"问世——本杰明·戴伊（Benjamin Day）创办的《纽约太阳报》，标志着美国进入大众报刊时代。美国的大众化报刊走在了西方资本主义报刊发展的前列，大众报刊时代意味着报纸大规模生产，有大量的受众，新闻业俨然作为社会的一个组成部分。随着《纽约太阳报》的大获成功，越来越多的廉价报刊出现在新闻市场。这些报纸的出现与成功绝非偶然，而是顺应了美国当时的社会大背景。一是工业革命极大提高了生产效率，使得大规模生产报纸成为可能；工业革命导致了社会阶层新的分化，产生了资本主义商品经济社会中的两大新的对立阶级：资产阶级和受雇于它的新阶级——劳工阶级。都市化的兴起、民主化的发展和生活条件在一定程度上的改善，使这些劳工阶级开始有更多的空余时间，他们渴望得到丰富生活的资讯和各种信息；第二，美国经济自由化、政治民主化带来了思想自由与言论自由，这也给新闻业的发展铺平道路。新的社会、新的读者群体、新的技术条件成就了新的报刊类型，大众新闻业正是在这样的社会背景下成长起来。获取有意义的丰富生活的信息成为这一时期社会对新闻业的期许。

在西方资本主义社会中新闻业完全私有，新闻产品作为商品在新闻市场流通，各个报纸间存在激烈的竞争。当时廉价报刊的特点是公开标榜报纸的独立性，内容上摒弃了政党报刊时代常见的长篇政治、哲学文章，大量刊登轻松幽默的社会新闻、当地消息和感官刺激强的消息；写法上以写故事的方式撰写新闻，情节夸张，富有戏剧性，强调故事的煽情性，刺激人们的感官，为了吸引读者，虚构的"新闻故事"和耸人听闻的"假新闻"也时常出现。这种呈现低俗化的新闻产品无益于提升人们的生活品质，也伤害了社会风气。总的来说，虽然这一时期的报纸在一定程度上丰富了人民的生活，但经济利益的驱使使得新闻业发展总体失衡，这一时期的新闻事业的作用可以说弊大于利，对社会和人民的负面影响较大。

新闻业发展失衡引起了社会各界人士的关注，比如新中产阶级，他们大多从事脑力活动，要求高质量信息供给；新闻学者在这一时期开始关注这一时期美国媒体出现的诸如事实虚构、新闻真实性、经济诱惑和利益冲突以及新闻独立公正等问题；业界代表有格里利、普利策等。

1868年，查尔斯·达纳（Charles Dana）接办《纽约太阳报》后就提出了十三条该报从业人员必须遵循的行为准则，如新闻与广告分开，不许用谩骂、讥笑的文字发表言论等。这十三条规定被认定是世界上最早对新闻工作者实行自我约束的"报业守则"。

1904年，普利策（Pulitzer）在纽约出版的《北美论坛》上发表了《新闻学院》一文，主张报人应有最崇高的理想、最神圣的做好事的愿望，对于本身所接触的问题具有准确的知识和最真挚的道德责任感，应以服务社会、增进公益为目的，不应屈从于商业利益或追求个人权利。这篇文章明确确认了新闻社会责任思想和新闻伦理道德精神，被西方誉为新闻伦理学的奠基之作。

1908年，美国密苏里大学新闻学院创办人、首任院长沃尔特·威廉（Walter William）主持制定了《记者守则》，最早系统地提出了新闻职业道德规范。威廉拟定的信条涉及与新闻自由密切相关的公共利益，表明准确与公正是健康的新闻事业的基础，为公共利益服务则是新闻道德的基本标准。

这些陆续出现的规范与守则就是针对新闻伦理问题而提出。纵观西方资本主义新闻事业的发展，其根本轨道是在资本主义社会中，新闻业作为一种产业，新闻产品作为一种商品自由地在市场流通。因此追逐利益是新闻业发展的终极目标。但新闻产品作为商品有其特殊性，新闻业的产生就是为社会服务，为公众利益服务，这就决定了新闻业在牟利的同时，必须顾及公众利益。或从新闻业存在的意义上说，新闻作为一种产业或职业在社会中产生必定有其不可替代的社会意义，即为公众提供有利于生活的信息，是社会上的"第四等级"。两者都决定了新闻业必须承担一定的社会责任，在履行社会责任的前提下，才能享受权利。人们对新闻的社会责任逐渐清晰。1947年，美国新闻自由委员会出版了《一个自由而负责任的新闻界》，明确强调了新闻业的社会责任。

二、新闻伦理的关系逻辑

随着新闻业、社会、技术、文化的不断发展，人们对新闻伦理的探索也在继续。新闻伦理的外延也在不断扩大，不断规范新闻从业人员的工作标准，指导着新闻工作者的具体新闻实践。但从新闻伦理的内涵看，新闻伦理是一套准则，是关于如何处理新闻工作者与新闻工作相关的环境与人的关系。[①] 因此不论外延如何变化，以关系为逻辑起点的内涵指导意义较强。

（一）新闻业与社会的关系

新闻业作为社会承认的一项事业，必定有社会对其的期许，即有利于社会进步和人民生活，首先应该提供新鲜、真实、客观、公正的新闻，为社会大众服务，满足社会大众的知情权。其次，新闻业作为社会上的上层建筑，要服务于其基本的经济基础与政治制度。这是任何社会对新闻业共同的要求，同时也是新闻业最基本的要求。新闻工作者需要遵守一定的伦理规范并和社会发展处于良性互动中。

（二）新闻业与其工作对象——新闻人物的关系

例如记者与采访对象、摄影记者与拍摄对象等。除了新闻伦理与社会的关系或者与受众的关系，新闻职业的工作对象会涉及新闻人物，也就是新闻事件当中的人。

一方面这些新闻人物引发的新闻事件是记者的工作的主要内容，记者要摆正位置，即希望通过了解新闻人物所遭遇的事，提炼出具有社会借鉴、提示、同情、警示等意义的内容。所以对于新闻记者的工作对象需要尊重对待，同时这也是人与人之间交往最基本的伦理规范，尊重意味着尊重其各种合法权益，新闻伦理恰恰是指导新闻工作者如何在工作中践行我们所普遍认同的伦理规

---

① 王倩荣. 新闻伦理的基本问题探讨［J］. 传媒论坛，2021（5）.

范。虽然有时两者会发生冲突，但这种冲突不是不可调和的；另一方面，记者要遵循其职业规范，即对消息源保密，这是出于个人隐私权保护的角度。实际上，司法公正直接体现社会利益，而个人隐私权间接体现社会利益，个人隐私权是基本人权的要求，对人权的保护是实现个人和社会发展的基础，所以其本质也是社会利益的载体。在具体实践中，承载不同，具体情况也有不同。

（三）新闻业与社会制度的关系

每个国家的社会制度不同，那么国家的新闻业也就有各自的特点。新闻业独特的精神属性也属于上层建筑。在西方，在三权分立的政治基础上，新闻业被定位为独立于立法、司法、行政外的第四权力，起到社会监督的作用。因此对西方新闻业来说，独立性是其重要特点，新闻报道要摒除政党团体和利益集团的干扰，做人民的卫士，以揭发丑闻、"抑恶"为主。因此在西方，新闻事业务必保持独立性，才有可能得到人们的信任。在我国，新闻事业是党的事业，是人民的事业，党和人民具有一致性，因此新闻事业要坚持全心全意为人民服务，做党和人民忠实的耳目喉舌，为人民事业、社会主义事业服务，新闻业要坚持以正面宣传为主，创造良好且利于团结人民共同建设社会主义的舆论。这要求新闻事业必须坚持党性原则，与党的新闻思想、新闻工作保持一致。

（四）新闻业与同行的关系

健康的竞争以诚信与合作为基础，恶性竞争不利于整个新闻业的发展。新闻工作者要以合作互鉴的态度对待同行，尊重知识产权和著作权，转载时应注明出处。

二、新闻伦理的一般特点

（一）新闻伦理属于社会意识形态范畴

从新闻传媒所具有的职业属性来看，新闻伦理属于社会意识形态范畴，在社会发展过程中，担当着社会成员价值观念的形成、社会文化的传承等重要功能。作为规范和调整新闻传播领域的新闻伦理，一定体现着社会意识形态的内容。

（二）新闻伦理具有一定的公共性

作为规范社会成员行为的道德，其具有一定的社会性。也就是说，作为判断行为善恶与否、正当与否的标准，不是依个人的好恶来确定，而是依照一定社会阶段所认可的社会标准来衡量。作为职业道德，新闻伦理的公共性体现为：一是依照社会对于社会成员的普遍要求的标准进行衡量，二是依照新闻传播活动所应遵循的道德标准进行衡量。

（三）新闻伦理的规范性

对社会成员行为的规范，表现为对合乎伦理的社会成员行为的保障和对违反道德规范的社会成员行为的限制。这种规范更多是通过社会舆论的形式完成。

（四）新闻伦理的自律性

法律与道德都是对社会成员行为的保障或者制约。但是法律是对社会成员行为的最基本要求，而道德则是对社会成员行为的最高要求。所以，从产生作用的形式上来看，法律体现出他律的强制性，而道德则具有一定的自律性，是他律与自律的统一。他律体现的是道德所具有的社会客观性，与其他规范相比，道德体现的他律性以自律的形式出现。新闻伦理对新闻传播活动的制约主要通过新闻传媒界自身的自律来实现。这种自律分为两个层面：一是新闻传媒界的行业自律；二是新闻传媒从业者的道德自律。

（五）新闻伦理的选择性

作为伦理的主体，新闻工作者应当以社会的普遍道德和新闻职业道德作为自己行为的规范。另外，新闻机构也制定了一些行业自律准则。就道德的自律性特点而言，社会成员对其具有一定的选择性。人们会依据自己对于道德的理解或者对于实践价值的判断，做出相应的行为选择。

三、新闻伦理的社会功能

（一）认识功能

新闻伦理的认识功能是指其可以反映社会现实，特别是新闻传播实践的功能。新闻伦理反映新闻传播活动主体间的利益关系，所以，对新闻伦理的认识功能可以从以下两个方面来理解：第一，新闻伦理有助于新闻从业人员厘清职业界限，认识到新闻传播者的社会责任，进一步明确新闻伦理特点。第二，有助于受众进一步理解和认识新闻传播业的特点，培养其理性的媒介素养。媒体面向社会公众，展开负责任的报道，以社会公共利益为基准，提供真实、全面、客观、公正的报道。①

（二）控制功能

新闻伦理作为新闻道德的规范体系，对新闻传播活动起着一定的规范和控制作用。从调节的角度和范围上看，道德是从利益的角度调整社会个体与社会整体、个体与个体之间的关系，以应当的角度作为调节的标准。道德所要求的应当侧重于引导当事人履行与其身份符合的社会义务。道德的调节手段主要依靠社会舆论进行沟通疏导、教育感化。新闻伦理的社会调节作用表现在以下两个方面。

1. 对社会成员权利的保护

作为社会规范，道德是从社会成员所具有的权利和义务的角度发生调节作用，也就是对社会成员权利的维护，成为社会成员遵守职业道德的保障。具体体现在当新闻传媒机构或者新闻从业者，依据一定的道德规范进行新闻传播活动时，社会舆论一定要给予高度的评价。这是来自社会对于社会成员正当行为的奖励。只有如此才能为社会树立标准，使社会成员的行为选择有一个公认的准则。如果遵守道德规范的社会成员的行为不能得到社会公正的评价，而不能遵守道德规范的社会成员反而能获得一定的利益，那么这个社会就会出现更多的失范行为，将会出现道德混乱的情况。

2. 对社会成员违反规范行为的制约

新闻伦理的重要功能就是对违反新闻道德标准的行为进行一定的制约。但与政策、法律等规范不同的是新闻道德所具有的规范作用主要是通过社会舆论体现出来。社会置身于舆论的氛围里，而所有的舆论又都是一种集体的形式，是集体产生的结果。在现代社会中，社会日益传媒化，新闻传媒成为社会舆论的聚合和发散的主要平台，对社会起着一定的监视作用。同时，随着受众传媒素养的提高，新闻传媒本身也纳入社会舆论的评价体系之中，新闻传媒是否尽到了其应有的社会责任、新闻传媒人的行为是否符合一定的社会道德标准等逐渐成为社会关注的热点。

---

① 魏薇. 新媒体时代新闻伦理规范探究［J］. 记者摇篮，2023（11）.

第二节　新闻职业道德失范

一、新闻职业道德失范的表现

所谓新闻职业道德失范，就是指新闻从业者在新闻信息的采集、加工、发布过程中，实际行为与本职工作的道德要求相悖逆，其行为动机、手段和效果，均偏离了新闻职业的道德原则和行为规范。"失范"的具体表现大致可以分为以下几类："新闻侵权""新闻造假""新闻炒作""新闻有偿""新闻媚俗""新闻歧视"。

（一）新闻侵权

所谓"新闻侵权"，是指新闻媒体机构或者新闻采写者利用新闻传播的影响和优势，对公民、法人或其他社会组织造成不法侵害的行为。我国的许多媒体拥有大量受众，影响力大，因此"新闻侵权"具有迅速、广泛、"杀伤力大"等特点。从新闻侵权的具体内容来看，有的属于"媒介审判"，侵害公民、法人名誉权，干扰司法独立；有的是采用隐性采访、偷拍偷录，侵犯公民隐私权、名誉权、肖像权；还有的是同行之间不正当竞争，侵犯其他媒体正当权益。最严重的新闻侵权行为是利用新闻报道的影响力和舆论监督的威慑力，向报道对象或者单位提出各方面的无理要求，直接转化为敲诈勒索的违法犯罪行为。

（二）新闻造假

所谓新闻造假，是指新闻不能真实反映客观事物本来面貌和内在规律，带有明显的虚假成分，严重损害新闻的真实性原则。大家都知道，真实是新闻的生命。纵观世界各国的新闻从业者职业道德规范，都将维护新闻真实性视作新闻传播活动的第一信条。但是在新闻实践活动中，由于主观和客观的各种原因，新闻造假屡禁不止，成为久治不愈的一个痼疾。

（三）新闻炒作

所谓"新闻炒作"，就是对一些新闻价值不大的事件，进行长时间、大规模、连续不断的密集报道，有意引导、强化某些新闻要素，以招揽受众的注意力。新闻从业者利用一些新闻事件中的某个次要因素，恶意炒作，以满足一些受众茶余饭后的好奇心、刺激感、"偷窥欲"，违反了新闻报道的客观、均衡原则。

（四）新闻有偿

新闻有偿就是在采编活动中，主动索取或者被动接受物质利益的行为，实质是一种权力寻租行为，是新闻腐败。具体表现为收受红包、纪念品，免费旅游和消费，报销费用，收取赞助，要挟钱财或者"有偿不闻"。当衡量新闻的标准不再是新闻价值和公众利益，而是个人或集团私利时，新闻媒体就失去了其舆论监督的功能，权威性和公信力也就丧失殆尽。

（五）新闻媚俗

新闻媚俗，是指新闻媒体和从业者为了博眼球、赚流量，一味降低新闻作品的审美水准和道德水平，迎合受众低级趣味，大搞标题党，打擦边球，热衷于"黄色新闻"文风，故意放大暧昧细节，突破新闻伦理底线。具体表现为：过度娱乐化；追求明星化，追求惊悚化；以刺激感官为目的，漠视苦难和死亡，人文关怀严重缺失；追求猎奇化，人为地把事件神秘化；追求审丑化，满足小部分人畸形的需求。

（六）新闻歧视

新闻歧视，指新闻记者不能平等对待不同社会阶层的群体，对特定人群带有偏见或歧视。[1] 这些特定人群较多集中于女性、农民工、残疾人、传染病患者、犯罪分子、流浪人员、外地人等弱势或者边缘人群。新闻歧视的具体表现有：缺少对弱势或者边缘人群的关注；热衷于报道弱势群体的负面新闻；以俯视的姿态，居高临下，咄咄逼人，向采访对象提问时甚至像警察在审问；不经同意随意出入他们的居所，拍照录像等；对弱势或者边缘人群，习惯性地使用歧视性语言。

二、新闻职业道德失范的危害

（一）严重危害媒体自身信誉

新闻媒体在人们心目中一直是严肃而专业的机构，它有"耳目""喉舌"

---

① 沈爱国，王晓晴. 新闻职业道德失范的危害和治理对策［J］. 传媒评论，2021（9）.

的功能，是"上情下达、下情上传"的载体，承载着政治责任、社会责任和道德责任，应该以获得最大的社会效益作为最高的行为准则。但是，各种不符合新闻职业道德的报道严重损害了新闻媒体的公信力、权威性和美誉度。失去了受众的媒体就好比是无本之木、无源之水。

（二）损害新闻从业者队伍形象

新闻从业人员在新闻采写实践中，容易受到权力、金钱、美色等各种各样的诱惑。有一些意志薄弱、立场不坚定的新闻工作者，违背职业道德的情况屡有发生，严重破坏了新闻工作者队伍的名誉和形象。一旦被公众识破，当事者会信誉扫地、身败名裂。个别严重者会被开除公职，甚至受到法律制裁。新闻职业道德失范涣散了新闻队伍的人心，腐蚀了新闻队伍，甚至毁掉了一批业务优秀的记者编辑。

（三）侵害公众权益

新闻媒体和新闻从业者既是党和政府的"耳目"与"喉舌"，也是人民群众利益的代言人。新闻职业道德失范，人民群众是最大的受害者。大量虚假报道背离了新闻真实性原则，剥夺了公众获悉事实真相的知情权。大量存在的"媚俗新闻"和"新闻侵权"现象，侵害了当事人的合法权益；各种谣言、传言、流言导致当事人"社会性死亡"，给他们的正常生活造成影响，严重的会伤害他们的心理健康，甚至造成"舆论杀人"的悲剧。

（四）阻碍社会道德进步

新闻作品是精神产品，它可以直接作用于人们的心灵，影响人们尤其是青少年的道德情操、兴趣爱好以及价值取向、审美水准，所以强调新闻媒介要以"正确的舆论引导人"，强调媒体从业者要承担起社会责任。但在大量有违新闻道德的报道中，新闻从业人员没有把握住正确的舆论导向，折射出错误的世界观、人生观、价值观，会潜移默化地影响受众的价值判断和行为方式，甚至阻碍整个社会道德的进步。

三、加强新闻职业道德建设的对策

造成新闻职业道德失范的原因有很多。整个社会处于转型期，观念碰撞、利益冲突，对物质和经济的追求，容易导致新闻从业人员价值观迷失，新闻职业荣誉感下降，记者职业的使命感、神圣感减弱。从内因来看，新闻行业准入门槛不高，人员构成复杂，新闻从业者自律不够，素质参差不齐，屡屡出现"害群之马"，损害职业声誉和新闻队伍形象。

（一）加强马克思主义新闻观教育，不断提升新闻从业人员素质

新闻媒体不断出现一些负面新闻，让自身公信力不断受到挑战，归根结底还是队伍建设出现了问题。因此，新闻从业人员必须加强马克思主义新闻伦理思想的学习，坚持正确的舆论导向，树立为人民服务的思想；加强专业知识学习，不断创新报道形式和手段，增强新闻报道的针对性、实效性和吸引力、感染力。同时，要开阔眼界，紧跟时代步伐，熟练运用各种新型媒介工具和平台，掌握各种现代新闻报道技巧，生产出高质量的新闻作品。

（二）加强新闻传媒机构的体制机制建设

新闻单位应该严格划清新闻采编部门和广告经营部门的职责界限，实行"两分开"，即新闻报道活动和经营管理活动分开、新闻采编队伍与经营管理队伍分开。严格进行人事管理，建立新闻从业人员职业资格准入制度，提高新闻队伍整体素质。设立不良记者"黑名单"，对于违反职业道德、有不良工作记录的人员永远禁入新闻队伍。

（三）建立健全一整套完整的新闻监督机制

由代表公众利益的媒体来对公权力的行使和社会运行进行舆论监督，这是现代社会治理一项成功的制度设计。但作为监督者的媒体自身，怎样接受监督，需要认真破题。目前公众监督力量薄弱、新闻自律无力，如果缺乏他律约束，容易滋生各种新闻失范现象。由此看来，建立和健全新闻监督机制尤为必要。

（四）完善媒体自律机制

自律是指主体内部的消化与吸收以及自我控制和约束。新闻职业道德只有通过新闻从业人员的精神自律即精神上的自我约束才能起作用。媒体自律是新闻从业人员基于对新闻传播基本职能职责的认识，为了维护职业名誉，而发自内心地在道德上进行自我约束。只有自觉地"明其身，正其行"，保持高尚的职业道德操守，才能从根本上杜绝新闻职业道德失范现象的发生。

第三节　算法新闻的伦理问题探讨

一、算法新闻的伦理问题

自动化新闻生产划分为三个阶段：输入—从数据库提取数据；处理—用于预先设定的语言和统计规则处理数据；生成—最终用自然语言输出文本。在所有环节中，自然语言生成是关键，从数据库中抓取数据并根据事先定义好的规则将其处理为自然语言文本，这是算法新闻的核心过程。而自然语言的起点是数据库，数据伦理问题由此成为对算法新闻伦理讨论的开端。

（一）算法新闻的数据伦理问题

1. 数据来源：追溯难题与间接信源影响可信度

首先，"数据从何而来"是伦理问题争论的起点。由于数据由自然语言生成，是生产算法新闻的重要依据，因此数据的来源明确与否对于新闻业而言至关重要。传统的新闻生产由专业记者进行调查采访、搜集材料，虽然过程中不可避免地存在偏见或失实的问题，但能够做到资料来源明确、主体清晰，新闻行业对报道内容负责。相比之下，算法新闻使用的数据很难追溯确切来源，海量的数据内容也难以实现对数据的逐一确认。从我国的情况来看，商业数据库中的数据是新闻业常用的数据来源，这类数据库通常只集中在某一个方面，其所能描述的用户特征也只是片面或单一的认知，数据来源的片面性也是导致"信息茧房"的重要因素之一。① 其次，大多数新闻机构都会选择从第三方数据供应商中购买数据，经过多次交易的数据来源更加扑朔迷离。如果算法新闻中的数据来源模糊不清，新闻内容的真实性、可靠性也难以实现，这违背了新闻行业最初设立的"提供信息""报道事实"的行业目标，新闻业伦理问题随之产生。

2. 数据质量：影响新闻内容真实与否的关键

结构化数据是自然语言生成的前提。原始数据需要被"清洗"，以算法能够理解的结构化形式输入，因此数据本身的准确性和可靠度对最终报道的真实

---

① 尹凯民，梁懿. 算法新闻的伦理争议及审视［J］. 现代传播（中国传媒大学学报），2021（9）.

准确性具有决定性的影响。数据是否存在项目缺失或者信息不完整？如果不加验证地使用数据则很难保证新闻内容的真实性。当前的人工智能并不具备自我纠错的能力，算法会不加区别地处理数据库中显示的数据信息，因而数据的缺失或不完整极易导致算法新闻产品的错误与偏见。因此，数据不但关系着算法新闻内容质量的高低，更关系新闻本身是否客观、真实，这是新闻组织不容忽视的伦理问题。

3. 数据隐私与使用权利：提供新闻服务与保护用户权利的困境

数据隐私同样涉及重要的伦理问题。算法新闻利用数据生产新闻，但在满足公众信息需求的同时也对公民个人的隐私造成极大风险。国内外互联网巨头企业掌握着庞大的用户数据信息，包括用户的浏览内容、行为习惯、使用偏好等。在国内，许多互联网公司以算法推荐的名义将用户圈养在"信息茧房"之中，实现流量的商业变现，这种服务模式在受到追捧的同时也引发很多网民的强烈反思，自己的数据究竟在何种程度上被算法新闻平台获取，用户在网络场域中如同身处于"圆形监狱"之中，使用者不知道自己的数据是否被监视、如何被监视，更无法有效察觉自己的数据是否流失或者被滥用。目前来看，全世界缺少平衡算法新闻服务与用户隐私边界的统一规定，这也成了新闻组织与互联网企业需要共同面对的伦理难题。

（二）算法新闻的代码伦理问题

1. 算法中的新闻价值：代码能否承载新闻价值

新闻价值是新闻学研究的重点领域，至今仍存在较大争议。西方对于新闻价值的理解倾向于商品意义上的"交换价值"，因此新闻价值在于满足新闻业的生产要求，虽然遵循新闻应当真实、客观的原则，但仍将满足受众需求放在首位。现代新闻价值理论应当回归价值的本义，即应以"新闻"为本位，而不是用"价值"限制新闻，并突出新闻传播活动和事业对于人类社会的有用性。两种新闻价值的探讨同样适用于算法新闻带来的争议，算法新闻究竟是应着眼于满足受众需求，还是凸显媒体的社会责任？算法新闻能否承担诸如客观性、透明性、责任感和真实性等新闻价值成为这一环节需要面对的伦理探讨。

2. 代码中的价值观预设：算法如何体现社会价值观

算法是嵌入代码中的观点。算法新闻即便由算法生产，也离不开人的设置，其本质体现的仍是设计者的观念。由于算法新闻的生产过程几乎没有人为干预，所以代码规则预设显得十分重要。但这引发了算法层面的又一伦理探讨，即创作者如何通过代码实现社会期待的价值与道德观念。可以从三个角度展现价值与技术的存在关系：内含性观点、外因性观点和互动性观点。其中，内含性观点可以为代码设计提供一定的指导意义，设计者将意向和价值"刻入"技术产品之中。因此，算法在设计之初就已包含设计者的价值倾向，算法负载的价值又将呈现在结果之中，一旦涉及价值倾向则有必要纳入伦理问题的考量。

3. 算法代码本身的遮蔽性：技术不透明性遮蔽价值偏见

算法在被引入新闻业之初时曾被视为推进新闻更加客观、真实的重要动力，因为凭借算法进行数据抓取、新闻创作能够避免人为干预，也不会受到记者个人价值观念的影响。但目前，更多人将其称为"黑箱"，因为算法的运算过程更加不透明。传统的新闻作品能够通过记者的署名确认其责任，但在算法新闻中，记者与算法的著作权归属本身就是尚待解决的重要法律问题，民众更不了解数据的来源与计算机的计算逻辑，甚至无法区分一篇新闻报道究竟是由人类作者完成还是算法制作，这种技术本身所带来的不透明性加剧了责任纠察难度。其次，一旦媒介组织将商业逻辑嵌入算法模型之中，这种偏见将更加难以察觉。有学者质疑，算法的所属机构是否会操纵算法权威，通过算法新闻的推送让民众看到其所属机构想让大家看到的新闻内容。目前国内还没有任何一家数据公司或媒介组织愿意公开自己的算法，因为算法技术一旦公开就有遭受到外界篡改、攻击的可能，也涉及对于商业机密的保护。因此，算法本身不透明也难以透明的属性与传统新闻业的透明性、客观性相冲突，成为新闻业难以平衡的伦理难题。

（三）算法新闻的生产主体伦理问题

1. 算法新闻生产者责任困境：多主体导致权责难以判定

在传统的新闻行业中，记者个人被视为新闻业职业道德的代理人，应具备专业素养、可靠的道德品格与极强的洞察能力，此类规范在大学开设的新闻教育中也被反复提及，但这种价值观念在当代却逐渐变得局限且开始受到质疑。随着媒介系统的不断分化，新闻生产的参与主体越来越多元，几乎不可能只让记者对新闻负责。在算法新闻生产的过程中，参与者至少包括媒体组织、专业记者、服务提供商、数据提供商、程序员等。在专业的算法新闻生产过程中，社会文化、组织结构、新闻工作的专业要求以及记者个人的价值观念被混杂在一起，共同嵌入代码之中，因此需要新闻记者与程序编码员共同合作，使新闻产品符合新闻业的伦理标准。这种新闻生产模式主要依靠授权，给予算法一定程度的自治，也正因如此，记者与算法代理之间合作的复杂程度会引发道德伦理挑战，如低透明度、低可控性与责任不明晰。多主体生产的情况无法改变，对于责任进行分类归属是必由之路，但难以厘清的多层责任正是算法新闻带来的新伦理问题。但这并不意味着记者责任的减弱，因为记者需要将更多的工作转移到对最终产品的把控之中，记者个人的职业素养与道德水平仍不容忽视。

2. 新闻产品把关难题：算法劳工与模糊且缺乏可操作性的把关标准

生产主体面临的另一个问题是对新闻产品的监控。目前，世界上所有的新闻机构均不会完全允许机器自我生产、自我发布，人为的监控与把关是必要的，编辑需要核查上传的内容、时间、地点和上传者身份等信息判断内容源的真实性。在新闻领域，技术不可能完全取代编辑，纯靠技术有时反而会产生让人失望的结果。但是新闻内容的审核要求无法一概而论，导致把关标准十分模糊，审核工作充满盲目性与无序性。此外，随着算法在新闻业的应用越来越广泛，算法生产的海量新闻文本为媒介组织带来了难以负担的监控成本，难以实现对每一个新闻产品的监控，不仅耗费大量的人力资源，审查效率还很缓慢，反而增加了媒介组织的工作负担，但如果不及时对发布的内容把关又会衍生出一系列伦理问题。

此外，算法新闻的生产形式使得记者仅仅作为新闻产品的把关人而不需要在新闻生产过程中付出劳动，新闻从业者不得不被限制在算法技术主导的生产结构之中，从业者的主体性被削弱，日益沦为替算法打标签的廉价劳动力即"算法劳工"，这也是技术应用于新闻业后对主体伦理地位的挑战。

二、算法新闻伦理问题的原因分析

（一）新兴传播技术促使传播主导权力转移

新兴传播技术的发展使得传播的主导权从传统媒体转到了营利性较强的社交平台甚至自媒体身上，由于这些平台或自媒体都是以营利而非传播作为主要目的，所以难免出现伦理失范的情况。[①]

（二）过度依赖技术的工具理性

新闻业并非人类社会唯一受到算法技术影响的行业，算法作为一项计算技术早已渗透到社会各环节之中并承担起愈发重要的角色，不同学科、不同行业内部均呈现出一派急于与人工智能技术适配的慌乱景象，这些现象折射出人与技术关系的失衡，也是"工具理性"与"价值理性"间的博弈。随着人工智能技术在世界的兴盛，整个社会沉醉于科学技术带来的前所未有的新体验之

---

① 吕晨昱，袁淑芸. 算法新闻如何突破伦理困境 [J]. 传媒论坛，2023 (15).

中，并将其带入各行各业，企图实现全方位的革新与升级。算法技术也为新闻业带来了多项益处，例如提升写作效率、为调查事实提供便利、使定制化得以实现。因此在享受到技术红利的同时，整个社会开始向工具理性主义倾斜，效率使新闻业让渡价值，技术使媒体人让渡真实，数据使用户让渡隐私，人对技术的过度依赖使行为本身的后果被忽视，导致了一系列伦理问题。传统的新闻伦理研究几乎都是站在价值理性的视角对新闻业进行批判思考，这也是为什么在工具理性观念占据优势地位的今天，这些观念不断受到批评和质疑的原因，传统新闻伦理研究已无法完整覆盖算法新闻伦理，需要与技术伦理学相结合。

（三）算法新闻的规制体系缺失

算法推荐新闻之所以在新闻传播领域存在诸多不道德信息问题，很大一部分原因在于现阶段算法技术本身缺乏系统性的规范。道德标准的约束力不强，而法律本身就是最低的道德标准。算法技术推荐新闻中的一些失范问题实际上是在钻法律的空子，没有及时出台相关的严格规定，很难从根本上杜绝很多现存的问题。

三、算法新闻突破伦理困境的建议

由于"算法新闻"引发的道德失范问题，正逐步受到广大网民和业界的重视。在目前的情况下，一是大力加强算法新闻的工具理性；二是及时制止道德失范传播，即加强算法新闻的价值理性。这两个层面都要权衡和协调，并采用适当的标准。

（一）政府层面

1. 完善新闻立法和规范

细化和明确平台媒介在用户身份信息、通信信息、交易信息、行为信息等信息收集与使用上的立法与规范。加强各领域合作，寻求合理的道德指导。政府应以国家战略政策为指导，推动各领域（如社会学、法律、道德、计算机科学等）的算法合作，共同开发算法的理论基础，为算法价值提供理论基础，规制算法的使用者以及设计者。同时，应该鼓励平台按照合法以及最低必要的原则进行用户信息的收集，公开使用者的使用目的、范围以及使用的方式。与此同时，平台也不得以算法推荐可以为用户提供更感兴趣的内容为由侵犯用户个人的隐私。

2. 加强监督管理

相关部门要按照有关法律规定，明确责任问责和处罚机制，对平台的内容、隐私保护等各方面进行严格监管，同时对违法生产或经营新闻的网站及使用者要及时进行查处，对未经认证、信誉不合格的平台进行监督。全力建设以政府为主导、行业和用户为辅的算法新闻协同监督机制。成立算法道德委员会。委员会的主要任务是研究最高的道德标准和审查道德的规则，但它也必须考虑建立地方和省政府的下级机构，加强局部算法评估道德伦理的定位和个性化，以此来促进算法伦理的规范。

（二）平台和新闻媒体

1. 在算法程序中注入价值衡量体系

从内容的来源、文章质量、自媒体的信用评级、用户反馈等各个方面进行质量因子的监测，并构建系统的算法价值体系，从用户到内容的各个方面都进行正确价值观的注入，可将正确的伦理道德规范嵌入算法程序之中，使得算法在内容的推荐上减少价值理性的缺失。

2. 构建透明的算法体系

平台对用户和公众公开算法程序和推荐机制等，同时对于算法推荐的目的、意图、数据来源等也进行必要的公开和解释。只有算法程序做到真正的透明，公众才能实现对算法新闻的强有力监督。

3. 拓展算法新闻分发模式的多样性

算法新闻目前在内容推荐上主要是依据用户的兴趣、用户画像以及信息流进行推送，在这种机制之下，用户更容易陷入信息茧房。平台可以优化扩展新闻的分发模式，加强信息推荐的多样性，增加用户信息的接触面，避免用户陷入信息茧房。

4. 健全人工审查制度

在算法新闻的价值体系推进的同时，加强对内容的人工审核。对算法推荐的重要稿件实行主编审核制度；增加热点、头条等重要稿件的审核，及时对收回问题文章、回复反馈、推荐模式等进行改正；建立合理有效的人工推荐指标系统，从多个方面对文章的品质进行把关，严格抵制低俗信息、失实新闻。

5. 对自媒体内容进行分级管理

全媒体时代，人人都是信息的传播者，自媒体经营者在学识、阅历、道德素养等方面参差不齐，使得平台上的信息变得鱼龙混杂。平台应对内容进行分级分类、规范化管理，确保优先推荐优质的自媒体内容，扶持优秀的稿件来源，并在政策、财政上给予优秀稿件一定的支持，也可以采取内部的管理措施和方法，鼓励网站制作原创的高质量的稿件。

6. 加强技术监控和预警

平台媒介要加快内容监督技术的更新、尽快完善内容监控和预警机制，同时加强对不良信息的监控和识别，强化对用户不良行为的监督，对于稿件来源和推荐规则等方面也进行相关的违法预警建设。在内容推荐方面，要监控并限制同一类型的内容出现的频次；针对平台推荐的使用者感兴趣的话题，也可以设置"不会再发类似的信息"的相关按键。在用户信息收集方面，对用户进入平台时的隐私条例进行细化但要做到陈述给用户时简洁明了，同时平台应严格遵守隐私条例，不得在未经用户允许的情况下盗取用户信息，要将不正当的信息采集扼杀在萌芽阶段。

7. 加强新闻从业者的专业意识

以新技术主导的算法新闻已然在全社会层面获得广泛的接受，这不仅意味着算法新闻可观的市场前景，同时也意味着受众在媒介行为和信息习惯上的变革。[①] 全媒体时代媒体平台之间的竞争变得更加激烈，很多平台为了从众多的对手当中脱颖而出，开始将流量、收益作为新闻的首要衡量标准，缺失了对于新闻真实性、时效性的把关。在这样一个大环境之下，新闻从业者更应秉持专业意识，继续将真实、客观、公正、及时作为新闻的报道原则，多为用户提供有价值的新闻信息；培养把关能力，用专业性去抗衡并减少新闻业快速发展带来的伦理失范现象。

（三）用户层面

1. 增强隐私保护和风险感知能力

用户的隐私保护不应仅从国家和平台的层面加强管制，用户自身对于隐私泄漏风险的感知能力与隐私保护意识也同样重要。用户应增强自身的隐私保护知识，加强隐私保护意识，将自身信息保护置于高位，从源头上解决用户隐私侵犯问题。只有提高用户整体的隐私保护意识，平台才不敢轻易去侵犯用户隐私。

2. 提高信息批判能力

用户信息批判能力缺失，很容易陷入别有用心的人的"阴谋论"之中，若是用户一开始接触到此类信息的时候便不去阅读，后面也不会得到持续性的推荐，用户也不会信以为真。用户从一开始去阅读这些信息，一方面可能是出于对平台的信任而不去批判，另一方面可能是相关知识的匮乏而没有能力去批

---

① 徐成芝. 算法新闻的伦理危机与应对策略 [J]. 视听界，2020（1）.

判。不管怎么样，用户自身批判能力的提升，能够更有效地监督平台的内容推荐。

第四节　网络新闻媒体伦理失范的原因与对策

一、网络新闻媒体伦理失范的具体表现

（一）新闻内容的真实性值得推敲

真实性是对新闻的最基本要求。不论何种媒体，它的最主要职责应该是把信息以客观、真实的形式发布给群众。网络媒体应该在最短的时间内把消息以新闻信息的方式真实地呈现给网络消费群体。从职业素养和人文道德两方面来看，新闻的真实性值得关注。从理论上来讲，网络新闻媒体只是一个载体，不参与新闻事实进程，只是将获得的信息以新闻的形式客观展现出来。但随着网络的兴起，获取新闻的渠道也不断增多，导致网络媒体行业之间的竞争也越来越激烈。出于自身利益的考虑，部分媒体开始自行塑造事件事实；用自己的想象添加自己的语言去替代信息的本来面貌。不顾事实本身，捏造出假的新闻。凭借舆论导向的偏差，把庸俗失真作为博人眼球的手段，也导致其偏离了新闻工作的根本。其次，新闻内容的不真实性也违背了新闻的要义和基本要求。新闻缺乏真实性是对新闻事业巨大的冲击，不仅要面对网络新闻媒体发展而造成的严重负面影响，同时也面临着社会伦理道德的挑战。

（二）新闻工作人员本身出现道德偏差

新闻工作人员出现采用不正当手段获取到的信息然后向被采访对象索取物质报酬；或者故意隐瞒和扣押新闻的行为。实质上代表着新闻工作者对于个人利益的盲目追求，利用新闻媒体传播新闻的权利进行与利益相关违法交易。"有偿新闻"以多种多样的形式表现，不仅有各项不知名的费用采取红包的方式送到工作者的手中，还有营利性质的赞助活动，更甚者还有以私权谋取住房、亲友工作的行为。通过收取的好处费用，来对信息进行加工捏造，篡改放大、歪曲事实的真相，造成了严重的行业影响以及恶劣性质的伦理危害。对于社会而言，这种不公正的违法新闻交易极易造成广大人民群众对新闻的不正确

认识，甚至影响到社会的稳定性。有偿新闻违背了新闻工作的基本原则，干扰了正常的社会舆论，冲击了整个新闻媒体行业以及败坏了社会道德风气。以实事求是、敬业奉献、廉洁公正的新闻工作队伍被逐渐腐蚀。最终造成新闻媒体行业失去社会的公信力，成为道德伦理失范的典型，对于建设新闻事业平添不少的障碍。

（三）新闻内容的不道德化也是新闻媒体伦理失范的重要表现

一些个人素质以及职业道德责任感较低的新闻工作者为了谋取自身的利益，在网络新闻中添加很多暴力、引发联想的题目词汇，为了增加新闻点击量不顾及和遵守社会道德规范。在新闻内容中添加低俗的不良信息，如着装暴露的图片、淫秽色情、暴力凶杀等低级趣味的内容。这些信息的广泛传播与网络时代的飞速发展密切相关，网络具有虚拟性和自由性，在网络新闻陷入商业性的同时，忽视了自身的社会责任。这些不良信息对网络新闻的读者造成一定的身心健康影响，同时也破坏了整个网络行业的道德环境，损害了自身的道德形象，有碍于新闻事业的持续向前发展。在当前的网络新闻中，很大一部分媒体不再关注新闻具有的道德责任和价值引导，单纯为了追求新闻引起的群众效应，为了大众娱乐而去"娱乐"新闻。长久以往，将会淡化人民的道德意识，不正当的竞争也将愈来愈激烈，不利于建立良好的社会道德秩序。

二、网络媒体伦理缺失的原因

当前网络媒体失范并不是偶然的现象，因此，需要从多方面分析其原因。

（一）网络信息传播途径泛滥造成伦理失范

媒介的发展历程见证了新闻传播手段从口语发展到文字发展再到视听发展的转变过程，视听的体验给予人们感官享受的特点，碎片化的信息便于受众快速浏览却难以让人们进入深层次的思考。① 网络进行信息传播具有手段上的多途径性。网络中的信息传播往往有多种渠道，它并非总是从网站直接传播到个人，而是可能通过不同方式进行多级传播。上网环节数量还可以不断增加，也就是说传播级数可以不断增加。多级流动延伸了信息的传播范围，在此过程中，也使信息影响变得更加复杂化。而网络信息传播途径的多元化也为网络信息失实提供了可能，一旦这种可能变为现实，就会导致网络媒体伦理的失范。

---

① 孟旭舒，宋宜静．互联网发展下网络媒体伦理失范现象浅析 [J]．声屏世界，2021（16）．

（二）网络信息的匿名性导致伦理失范

由于互联网的开放性和自主参与性，在网上任何人都可以在网上的新闻组、聊天室上发表自己的新闻及有用的信息。虽然有些网站在发布或获取信息时需要注册登记，而注册的内容也包括自己的姓名、年龄、性别、身份证号码、通讯地址与 E-mail 地址等，但是这些所登记内容的真假很难核实，而在当前商业网站基本上都设有聊天室的情况下，登录者基本上会选择匿名登录，而不是实名制。由于登录者的身份不确定和虚假性，在其上面发表的新闻真实性就受到很大的质疑，从而在一定程度上诱导了人们采取不道德的网络行为。

（三）新媒体技术的不成熟造成伦理失范

网络技术的不成熟以及存在的诸多缺陷，极易遭受各方面的攻击，为网络道德问题的大量发生提供了可乘之机。数字技术设计的初衷是为了使信息传播更加便捷迅速，从而达到信息共享的目的，但媒介技术的不成熟也造成了网络在安全性、保密性等方面出现问题，特别是近些年网络黑客在世界各地的盛行，更是对网络安全提供了新的挑战，而网络侵权行为的屡禁不止则再一次证明了网络安全隐患的存在。

（四）网络媒体从业人员自律不佳造成伦理失范

随着中国网络媒体队伍的迅速壮大，所需要的专业从业人员的数量越来越多，而新闻传播学在中国作为一个新兴学科，还没能培养出足够数量的适合于网络媒体岗位的人才。网络媒体从业人员素质不高，失职情况屡见不鲜，其队伍建设的质量和专业成熟度与传统媒体相比仍有较大差距。同时，很大一部分的网络媒体从业人员缺乏相应的新闻专业知识，不具备新闻采编的基本技能，不了解新闻采编的要求、特点，这就导致了网络伦理失范，而一旦这种印象在网民中形成，想要改变绝非易事。

（五）网络媒体相关的法律法规不健全及外部监督机制的缺失

与内在原因同样重要的，还有导致网络媒体伦理缺失的外在原因。作为一个新生的事物，在自身体制不完善的情况下，外部监督与制约也十分重要。一方面，网络传播处于匿名环境中，每个网络媒体的消费者不单单只像从前一样是内容的消费者，同时，他们也是内容的生产者。由于匿名文章、无源头文章大量占据网络空间，而在这个空间环境中似乎存在着一个定律，即由传统媒体承担相应责任，网络媒体却可置身事外。现在，网络传播环境与传统媒介传播环境大不相同，传统的传播法规已不适应网络时代的要求，而一些网络立法还比较滞后，相关政策法规无法在短期内得到完善。另一方面，行政监管等其他外部监督机制的不足也是造成网络媒体伦理缺失的原因。由于网络传播涉及的领域广泛，形式多样；各类网站数目众多，发展迅速。中国目前现存的行政管理体制以及其他外部监督机制的水平，难以对网络媒体实施全方位的监督和管理，造成网络媒体管理难，无人监督的情形，现实中的许多问题也得不到解决，从而导致一些不法行为不能得到及时有效的制止，造成由监管不足而产生危害网络媒体伦理缺失的现象。

三、防范网络新闻媒体伦理失范的对策

（一）提升新闻工作者的个人综合素质

新闻工作者综合素质的提升能够有效规避网络新闻媒体业能力释放的现象，新闻媒体必须严格按照工作内容和工作要求，在国家规章制度的指导之下选择优秀的工作人员，考核工作人员的职业道德和基本素质，制定完善的工作制度，提高对工作人员言行举止的要求，保证其能够学会自我教育和自我引导，体现新闻信息的真实性和有效性。另外社会公众也需要充分发挥外部监督的作用及优势，提升道德监管的力度，加强对网络新闻媒体的能力审核，以此来更好地减少媒体的失范行为，保障和谐社会的高效建设。

（二）从消费者角度对网络新闻媒体进行规范建设

网络新闻媒体所发布的信息会对人民群众产生一定的影响，作为最终的消费者，人民群众会根据自身的实质需求选择不同的信息，对此，为了尽量避免新闻媒体伦理失范现象所带来的负面影响，消费者自身必须注重对不良新闻信息的有效抵制，学会明辨是非，结合个人已有的社会生活实践经验有效辨别不良信息。对于地方政府来说，在充分发挥管理作用和管理职能之前，还需要构建完善的法律法规，明确道德约束和法律约束的重要价值和作用，积极控制各类网络新闻媒体的伦理失范行为，只有这样才能保证网络新闻媒体在更加自由宽松的氛围之下实现良性成长和发展。

（三）制定切实可行的网络环境治理办法

从目前来看我国正处于社会主义发展的转型阶段，在推动和谐社会建设的过程之中，出现了许多的社会矛盾和社会冲突，要想更好地体现社会主义核心

价值观的引导作用，我国就必须严格按照国家政治经济文化发展的实质需求，有效处理好各种社会矛盾，加强对公众价值观的正确引导，保障公众能够树立正确的人生观，世界观和价值观，尽量避免道德迷失和各类伦理失范行为的产生。我国的管理部门和法律部门必须结合目前网络环境发展的现实条件出台相应的治理办法和规章制度，以此来为工作人员的言行举止提供更多的依据，规范网络新闻媒介从业工作人员的各项行为，真正发挥网络新闻媒介的引导作用和价值，保障社会公众能够在更加自由宽松的氛围之下获取自身所需要的信息。作为网络新闻传播的主要力量，网络媒体也要加强"自律"，做好自我监管，对"问题新闻"要及时更正并严肃处理。[1]

---

[1]　周勇．网络媒体社会新闻报道中的伦理失范及防范对策分析［J］．新闻传播，2022（7）.

参考文献

[1] 蔡睿智. 近代新闻传播实务研究［M］. 北京：人民日报出版社，2019.

[2] 岑智斌. 人工智能环境下新闻传播中的伦理问题分析［J］. 记者观察，2022（12）.

[3] 常书辉. 移动短视频新闻传播的发展探析［J］. 西部广播电视，2021（10）.

[4] 陈丽芳. 新媒体时代新闻传播研究［M］. 沈阳：辽宁人民出版社，2020.

[5] 邓剑勋. 移动互联网产品研发　高职［M］. 西安：西安电子科学技术大学出版社，2021.

[6] 丁健. 融媒体环境下广播电视新闻采编技巧［J］. 卫星电视与宽带多媒体，2023，20（18）.

[7] 丁宁. 探索大数据时代新闻传播的创新路径［J］. 卫星电视与宽带多媒体，2020（7）.

[8] 董素青. 新媒体时代新闻传播主体的变迁［J］. 卫星电视与宽带多媒体，2021（7）.

[9] 杜朋. VR 技术在新闻传播领域的应用研究［J］. 中国市场，2022（28）.

[10] 段宗进. 浅议短视频新闻传播中需要守护的社会伦理［J］. 传播力研究，2021（23）.

[11] 冯耕中. 物流信息系统 第2版［M］. 北京：机械工业出版社，2020.

[12] 付松聚，杜笑宇，吴春刚. 当代高校校报新闻采写与编辑［M］. 北京：光明日报出版社，2012.

[13] 高飞. 电子商务区块链技术论［M］. 长春：吉林科学技术出版社，2020.

[14] 高晓虹. 中国新闻传播研究移动传播创新［M］. 北京：中国传媒大学出版社，2019.

[15] 耿思嘉，高徽，程沛. 新闻传播与广告创意［M］. 长春：吉林人民出版社，2019.

[16] 龚荒. 公共关系　原理·实务·案例［M］. 北京：北京交通大学出版

社，2015.

［17］郭光华. 新闻写作 第3版［M］. 北京：中国传媒大学出版社，2020.

［18］郭海红. 人工智能在融媒体中的应用［J］. 卫星电视与宽带多媒体，2023（12）.

［19］胡旭然. 新时代新闻传播的伦理问题及对策［J］. 卫星电视与宽带多媒体，2021（4）.

［20］胡志刚. 自媒体新闻传播对传统新闻传播的解构与重塑［J］. 传播力研究，2023（11）.

［21］黄海斌. 区块链技术与新闻传播行业的融合构想与现实壁垒［J］. 科技传播，2019，11（2）.

［22］黄文军. 区块链技术重塑数字时代新闻传播要素的可行性［J］. 中国传媒科技，2022（7）.

［23］霍晓珏. 新闻传播过程中的责任伦理探析［J］. 西部广播电视，2020（14）.

［24］姜怡. 短视频新闻传播的特点及发展策略研究［J］. 声屏世界，2020（19）.

［25］蒋臻. AR技术对传统新闻生产方式和传播效果的影响［J］. 新媒体研究，2018，4（24）.

［26］焦旭峰，史竞男. AR新闻：习近平的最大爱好［EB/OL］，2018-04-23.

［27］孔令淑，蔡之国. 区块链技术对当下新闻业的影响探析［J］. 新闻传播，2019（22）.

［28］李佳蓉. 区块链技术重塑数字时代新闻传播要素的探究［J］. 传媒论坛，2021，4（10）.

［29］李卓玲. 试析新媒体时代新闻传播伦理［J］. 记者观察，2022（14）.

［30］梁昕. 面向精细化治理的智慧城市理论与实践［M］. 上海：上海交通大学出版社，2019.

［31］林倩. "互联网+"时代广播电视新闻传播探微［J］. 传播力研究，2023（23）.

［32］刘宏. 基于人工智能技术的资金监管探索与实践［M］. 北京：科学技术文献出版社，2021.

［33］刘骏庆，王鹏. 新媒体与新闻传播机制创新［J］. 卫星电视与宽带多媒体，2022（3）.

［34］刘志凌. 自媒体时代新闻传播的伦理分析［J］. 读天下，2019（2）.

［35］罗婷尹. 新时代新闻传播的伦理问题研究［J］. 西部广播电视，2023（17）.

［36］罗婷尹. 新时代新闻传播的伦理问题研究［J］. 西部广播电视，2023（17）.

［37］吕晨昱，袁淑芸. 算法新闻如何突破伦理困境［J］. 传媒论坛，2023（15）.

［38］马文斌. 新媒体时代，提升电视新闻传播影响力［J］. 文化产业，2023（21）.

［39］马耀庭，焦若薇. VR 技术应用在新闻传播中的优势和挑战［J］. 视听，2018（6）.

［40］孟旭舒，宋宜静. 互联网发展下网络媒体伦理失范现象浅析［J］. 声屏世界，2021（16）.

［41］牛书红. 5G 时代对新闻传播业的影响［J］. 卫星电视与宽带多媒体，2022（15）.

［42］潘娴. 短视频新闻的传播策略研究［J］. 声屏世界，2022（21）.

［43］亓康硕. 融媒体背景下移动短视频新闻传播策略探析［J］. 新闻传播，2022（9）.

［44］邱春艳. 5G 时代新闻传播领域的变革与挑战［J］. 新闻研究导刊，2021（8）.

［45］沈爱国，王晓晴. 新闻职业道德失范的危害和治理对策［J］. 传媒评论，2021（9）.

［46］史可扬，刘湜. 电视栏目和频道辨析 第 3 版［M］. 广州中山大学出版社，2022.

［47］帅俊全. AR 技术在电视新闻报道中的应用［J］. 中国出版，2018（14）.

［48］宋卫霞. 新闻传播媒介的变迁与新闻编辑能力的建构［J］. 卫星电视与宽带多媒体，2022（10）.

［49］孙发勤，冯锐. 区块链技术赋能下网络假新闻的治理［J］. 青年记者，2020（32）.

［50］唐理. 融媒体时代新闻传播的创新与突破［J］. 新闻传播，2023（9）.

［51］田园. 高等数学的教学改革策略研究［M］. 北京：新华出版社，2018.

［52］王靓. 新媒体与新闻传播机制创新［J］. 爱情婚姻家庭，2022（3）.

［53］王军. 传媒法规与伦理［M］. 北京：中国传媒大学出版社，2019.

［54］王莉，孙国海. 新媒体新闻传播理论研究［J］. 新闻传播，2022（10）.

［55］王倩荣. 新闻伦理的基本问题探讨［J］. 传媒论坛，2021（5）.

［56］王彦博. 浅析大数据时代新闻传播人才培养模式的创新［J］. 科技传播，2018（15）.

［57］王玉娇. 央视网 VR 新闻的内容生产研究［D］. 山东师范大学，2022.

［58］王子骄. 新媒体时代新闻传播的伦理规范［J］. 记者摇篮，2021（3）.

［59］魏超，陈玉妍. 人工智能时代新闻传播伦理失范研究［J］. 传媒论坛，2023（14）.

［60］魏婷. 名声传播研究［M］. 北京：西苑出版社，2021.

［61］魏薇. 新媒体时代新闻伦理规范探究［J］. 记者摇篮，2023（11）.

［62］吴江明. 融媒体时代广播电视新闻采编技巧研析［J］. 传播力研究，2023（24）.

［63］吴莉. 传播学视阈内的汉语国际教育研究［M］. 长春：东北师范大学出版社，2018.

［64］伍静. 融媒时代中的新闻传播创新探讨［J］. 环球首映，2022（8）.

［65］夏菁. 新媒体新闻传播的长尾效应［J］. 传媒论坛，2020（15）.

［66］肖灿. 融媒时代的新闻传播途径研究［M］. 长春：吉林人民出版社，2019.

［67］肖邓华. 融媒体视域下的新闻传播研究［J］. 新闻传播，2023（9）.

［68］肖建斌. 融媒体时代新闻采访与写作技巧的创新路径［J］. 卫星电视与宽带多媒体，2023（17）.

［69］肖长春. 大数据对新闻传播的影响分析［J］. 环球首映，2021（11）.

［70］谢宛彤. 微信公众号为新闻传播增光添彩［J］. 文化产业，2023（21）.

［71］徐成芝. 算法新闻的伦理危机与应对策略［J］. 视听界，2020（1）.

［72］徐为民. 融媒体时代新闻报道的变革与创新研究［J］. 传播力研究，2023（31）.

［73］徐锡霆，邢振宇. 区块链技术与新闻传播行业的融合［J］. 青年记者，2020（17）.

［74］许伟光. 融媒体时代广播电视新闻采编要点分析［J］. 传播力研究，2022（28）.

［75］薛可，余明阳. 人际传播学概论［M］. 上海：复旦大学出版社，2021.

［76］杨博涵. VR 技术在新闻传播领域的应用［J］. 科技传播，2018（13）.

［77］杨浩然. 新时代的新闻传播［J］. 戏剧之家，2019（32）.

［78］杨增崇，杨国辉. 当代思想政治教育若干前沿论域［M］. 北京：中国财富出版社，2020.

［79］姚华丽. 新媒体新闻传播长尾效应［J］. 新闻传播，2023（15）.

［80］尹凯民，梁懿．算法新闻的伦理争议及审视［J］．现代传播（中国传媒大学学报），2021（9）．

［81］于家齐．大数据时代新闻传播人才培养模式创新［J］．科技传播，2019，11（2）．

［82］袁胜强．3D EXPERIENCE 平台的市政交通工程 BIM 解决方案［M］．上海：同济大学出版社，2020．

［83］展鹏．短视频平台在新闻传播中的应用价值研究［J］．传播力研究，2022（18）．

［84］张倩．融媒体时代新闻采访与写作技巧创新的策略［J］．传播力研究，2023（25）．

［85］张涛．融媒时代新闻传播及其变革探析［M］．北京：中国商务出版社，2019．

［86］张通．AR 动新闻：在四川日报上看"动起来"的科博会！［N］．川报观察，2019-09-07．

［87］赵秉瑜．论短视频的积极作用与消极影响［J］．环球首映，2022（12）．

［88］赵霓．大数据对新闻传播的影响分析［J］．中国记者，2020（10）．

［89］郑静．大数据模式下新闻传播人才培养研究［J］．西部广播电视，2020（9）．

［90］郑可彤．区块链对新闻传播业的革命性影响［J］．科技传播，2020，12（13）．

［91］郑兴勇．大数据对新闻传播的影响分析［J］．卫星电视与宽带多媒体，2021（23）．

［92］郑玥．融媒体时代短视频新闻的特点和传播策略［J］．西部广播电视，2022（14）．

［93］智幸花．对新闻采访与写作技巧的创新思考［J］．记者摇篮，2023（8）．

［94］钟媛媛．传媒责任伦理研究［M］．北京：中国传媒大学出版社，2018．

［95］周文杰，王瑜．VR 技术对传统新闻传播的补偿性解读［J］．科技传播，2018，10（16）．

［96］周勇．网络媒体社会新闻报道中的伦理失范及防范对策分析［J］．新闻传播，2022（7）．

［97］訾敬晓．融媒体环境下广播电视新闻编辑的相关研究［J］．传播力研究，2021，5（26）．